COMO SER EXITOSO INICIANDO TU PROPIO NEGOCIO O EMPRENDIMIENTO

GERARDO JOSÉ LABARCA

COMO SER EXITOSO INICIANDO TU PROPIO NEGOCIO O EMPRENDIMIENTO

Diseño de portada: Equipo de marketing y publicidad

GERARDO JOSÉ LABARCA

Copyright © 2023 GERARDO JOSÉ LABARCA

© 2023

Todos los derechos reservados.

ÍNDICE

AGRADECIMIENTOS……………………………………..6

PRÓLOGO……………………………………………….7

NO LE TEMAS AL ÉXITO……………………............9

EL PRIMER ESCALÓN DEL EMPRENDEDOR………….14

ES HORA DE EMPRENDER…………………………….17

EMPRENDE CON LO QUE TENGAS, SEA MUCHO O SEA POCO……………………………………………………...20

EL ESCALÓN AL ÉXITO…………………………………..23

SE TU PROPIO EJEMPLO…………………………….....26

LIDERA CON HUMILDAD……………………………...29

CADA DÍA ES UNA NUEVA OPORTUNIDAD…………..32

NO GASTES EN LUJOS, INVIERTE EN TU EDUCACIÓN……………………………………………..35

LOS LIMITES SON MENTALES…………………………..38

LAS TORMENTAS PASAN, SIEMPRE PASAN………….41

MOTIVACIÓN: LA CLAVE PARA LOGRAR EL ÉXITO EN TODO……………………………………………………..44

ÉXITO: MÁS QUE CINCO LETRAS……………………48

MANTÉN SIEMPRE LA VISTA AL FRENTE…………….51

LA IMPORTANCIA DE QUE TU CIRCULO SEA POSITIVO………………………………………………...54

SER DIFERENTE MARCA LA DIFERENCIA……………57

TU ESFUERZO SIEMPRE DARÁ FRUTOS..................60

ADMINISTRA TU TIEMPO..63

UN MOTOR LLAMADO FE Y PERSEVERANCIA..........66

TRABAJA CON PASIÓN POR LO QUE HACES.............70

CADA MINUTO CUENTA...73

EL AMOR AL TRABAJO...76

MARCANDO LA DIFERENCIA..................................79

APARTA DE TI LO QUE NO TE SIRVE........................82

LA SUMA DE LA FELICIDAD....................................85

SIN PERDER LAS ESPERANZAS................................87

¿QUÉ HAZ ECHO HOY POR EL PLANETA?...............90

DESECHANDO OBSTÁCULOS..................................93

EL CUERPO ATRAE LO QUE LA MENTE QUIERE........97

EL MAÑANA LO ESCRIBES TÚ...............................100

SI NO HAY CAMINO, HAZ TÚ EL CAMINO...............103

PLANIFICA TUS OBJETIVOS, METAS Y SUEÑOS.......106

TU POTENCIAL ES MUY GRANDE..........................109

EL PRIVILEGIO DE ESTAR VIVO.............................112

LAS CADENAS QUE TE ATAN.................................115

EL TIEMPO ES PERFECTO......................................118

BRILLA CON LUZ PROPIA.....................................121

AL FONDO DEL PRECIPICIO.................................123

EL VIAJE AL PASADO..127

SIEMPRE VENDRÁN TIEMPOS MEJORES................130

TU ESFUERZO VALE..133

AGRADECIMIENTOS

*Hoy y siempre le agradecemos primeramente a Dios por permitirnos respirar y seguir adelante, sin el nada es posible.

*A mi hija Geraldyn Carolina, por ser ese motor a diario y generar esa fuerza cada día.

*A nuestros lectores, quienes nos han apoyado en nuestro crecimiento desde que iniciamos con nuestras publicaciones. Seguiremos compartiendo con ustedes nuestro trabajo.

*A esos soñadores, emprendedores que cada día luchan por cumplir sus metas y sueños. Son ustedes el pilar fundamental de nuestros trabajos.

PRÓLOGO

Estamos encantados de poder compartir con ustedes nuestro valioso trabajo que en esta oportunidad titulamos COMO SER EXITOSO INICIANDO TU PROPIO NEGOCIO O EMPRENDIMIENTO, es una edición de oro ya que contiene el gran trabajo que desde hace unos años se ha realizado con el mayor de los placeres para ustedes, esta es una recopilación de nuestros artículos, aquellos que llevan un mensaje de motivación, de esperanza, dirigidos a todas aquellas personas soñadoras, emprendedoras, productivas y con ganas de salir adelante cada día, esas personas que desde su entorno aportan su granito de arena para hacer unan mejor sociedad, un mejor mundo, un mejor lugar para habitar. Todos somos indispensables e irremplazables desde nuestro entorno, desde donde nos encontremos.

Hoy más que nunca estamos seguros que el mundo puede ser un lugar mejor si se dan las oportunidades y si nos encargamos de aprovecharlas. El mundo puede ser un lugar mejor si mantenemos la inocencia de los niños y si nunca dejamos de serlo. El mundo puede ser un lugar mejor si como adultos somos responsables, si como adultos somos personas de bien, con valores, con ética, con integridad, con honestidad. El mundo puede ser un lugar mejor si esos emprendedores que se convierten en empresarios mantienen los mismos principios y esa humildad de cuando iniciaron. El mundo puede ser un lugar mejor si cuidamos nuestro planeta tierra y somos más consientes con nuestras acciones. El mundo puede ser un lugar mejor si nosotros somos mejores personas, de ti, de mí, de nosotros depende que sucedan cosas buenas y lo que ya es bueno sea mejor. Gracias por haber llegado hasta aquí con nosotros, en este bonito camino y te invitamos a seguir reflexionando y motivándote para que cada día seas mejor.

NO LE TEMAS AL ÉXITO

En ocasiones sentimos miedos de emprender un negocio, desarrollar una idea o un proyecto, esos mismos miedos nos bloquean mentalmente e impiden que demos el primer paso, siempre será difícil iniciar una nueva etapa desde cero, pero la motivación debe ser nuestro principal motor para seguir adelante. El querer triunfar y sentirnos bien, estables emocional y económicamente también influye positivamente para iniciar dicha idea o negocio, tomar como ejemplo algún personaje que haya triunfado a pesar de las adversidades y conocer su historia puede motivarnos e impulsarnos en un momento de baja autoestima.

A lo largo de la vida existirán personas que al igual que nosotros han decidido emprender un nuevo camino, es bueno tomar su ejemplo siempre y cuando sea positivo, tomar ejemplo de lo mejor de cada persona nos ayudará en determinadas oportunidades a mejorar lo que en algún momento estemos haciendo de forma errada. Los grandes triunfadores de la historia han pasado por situaciones difíciles, pero ha sido la fe en ellos mismos y la constancia lo que ha logrado que sus sueños se cumplan.

Siempre que se decida emprender y decidir individualmente las cosas se debe tener muy presente que el éxito no siempre se consigue de la noche a la mañana y ese también es un temor que muchos tenemos, el miedo al fracaso y a las críticas, pero ante estas circunstancias debemos ser como un imán y lo positivo que tenemos a nuestro alrededor debe ser de metal para que sea atraído por nosotros. Las personas toxicas no ayudan, entorpecen, a nuestro al rededor encontraremos gran cantidad de personas que dirán: "eso no funciona, eso no está bien, eso no te hará exitoso". Ante esto debemos mantener siempre nuestra mente bien fijada en nuestros propósitos y nuestras metas en lo que deseamos y soñamos.

Alguna vez te has preguntado: ¿El éxito tiene precio?, bueno la respuesta es Sí. El éxito tiene precio, en ocasiones el precio de alcanzar el éxito es muy grande, se debe sacrificar tiempo y esfuerzo. Si bien es cierto el tiempo es algo que no se recupera, también es cierto que nada se logra sin la unión de invertir tiempo y esfuerzo, por más pequeña o grande que sea tu idea, negocio o proyecto requiere de tiempo y esfuerzo. Por otra parte, el precio que se debe pagar para alcanzar el éxito puede ser al inicio bastante alto, pero luego la satisfacción de sentirse exitoso compensara el tiempo, sacrificio y precio pagado. El éxito dependerá siempre de muchas cosas para alcanzarse, pero sea cual sea el camino que se tomar para alcanzarlo no será fácil, pero tampoco imposible.

Para iniciar cualquier idea, negocio o proyecto debemos tener en cuenta y poner siempre en práctica lo siguiente:

-*La disciplina es fundamental en todo lo que hagamos;* debemos ser disciplinados en nuestra vida personal primeramente y así optar porque esta disciplina nos ayude en nuestra idea, negocio o proyecto.

-*Mantener siempre la fe;* aunque al inicio de todo negocio nada es fácil no debemos perder la fe en nosotros mismos y automotivarnos día tras día.

-*Ser constantes;* la constancia es y siempre ha sido una base fundamental para alcanzar el éxito en todo lo que nos proyectemos realizar, debemos ser constantes como lo es la naturaleza, si somos constantes entenderemos que cada día se presenta una nueva oportunidad de seguir creciendo.

-*Explota al máximo tu talento y habilidades;* todos tenemos un talento con el cual nacimos y lo desarrollamos en el transcurso de nuestra vida, ese talento debe unirse a las ganas de emprender nuestra idea, negocio o proyecto porque si desarrollamos a plenitud nuestro talento estaremos asegurando una gran parte del éxito.

-*Nuestra idea, negocio o proyecto debe ser en base a lo que nos apasiona;* cuando las cosas se hacen con amor siempre nos darán satisfacción sea cual sea el resultado, hay muchas personas que desarrollan una profesión u oficio sin amor, por supuesto eso se transmite y se ve reflejado e incidirá siempre negativamente.

-*Ver cada obstáculo como un reto por superar*; cada día se nos presentaran situaciones y obstáculos que al inicio se ven difíciles de superar, pero que al estudiarlos y analizarlos entenderemos que por más grandes que sean no son difíciles de alcanzar.

Se debe tener también en cuenta al inicio de cualquier emprendimiento las ventajas y desventajas que podemos afrontar, eso sí, viendo esas desventajas como oportunidades de mejorar y no como trancas u obstáculos que nos pueden perturbar, ante las adversidades se debe poner en práctica una virtud que todo ser humano tiene que es la creatividad, esa creatividad te hará ver una oportunidad en vez de un problema. Nunca se debe ver el éxito como algo muy lejos de alcanzar, se debe ver como el escalón más alto, el cual será difícil llegar, pero no imposible y cada paso que se dé para subir dicho escalón será un triunfo más porque es una cercanía de lograr ese propósito tan anhelado.

EL PRIMER ESCALÓN DEL EMPRENDEDOR

Emprender no es tarea fácil, sin embargo, nunca se sabrá si se puede lograr el éxito sin intentarlo al menos una vez. El primer paso siempre será el más difícil, pero también el que te dejará la mayor satisfacción. El éxito es como una gran escalera en la cual cada día se sube un pequeño escalón, los cuales al principio serán muy difíciles de subir, pero luego esos escalones se subirán con gran facilidad. Todo aquel que haya emprendido algún proyecto, sea del tipo que sea, inició con grandes dificultades puesto que la gran primera dificultad que se presenta es el mismo miedo a fracasar, a eso se le suman otros miedos como el no tener suficientes recursos y no tener ese apoyo de algunas personas.

Hay emprendedores que iniciaron con mucho temor, pero al mismo tiempo con gran confianza y fe, de igual forma muchos iniciaron con muy pocos recursos y a mitad del camino esos recursos se les agotaron, pero buscaron la forma de intentarlo una vez más, también muchos iniciaron solos sin tener ningún tipo de apoyo, y a la final esos emprendedores lograron obtener un gran resultado en común: Alcanzar el Éxito.

En estas pequeñas líneas quiero mostrarte a ti que estás leyendo el gran poder que tiene la perseverancia, la fe y la constancia sobre todas las cosas que te propongas. Ser perseverante es un elemento vital y fundamental al momento de emprender, la perseverancia significa persistir hasta lograr lo que se propone, mantenerse con firmeza mientras se trabaja por algo y nunca desistir. La fe es el segundo elemento muy importante, la fe hace que todo sea posible y que lo más difícil se haga fácil, la fe abre puertas y mueve montañas, por eso es muy importante mantener la fe en sí mismo primeramente. Y por último el elemento que te asegura lograr el éxito: la constancia; ser constante significa que posees una virtud y es esa gran fuerza de voluntad que siempre te mantendrá de pie pese a las dificultades y así mismo te hará mantener la mejor actitud mientras desarrollas tu proyecto o propuesta.

Todos quienes hoy en día son exitosos en algún momento fueron pequeños emprendedores con miedos y temores, muchos de ellos fracasaron muchas veces, estuvieron a punto de rendirse, pero no lo hicieron, otros pasaros infinidad de obstáculos y los superaron. Ese artista que tanto admiras puede tener detrás de su éxito una historia de muchas dificultades, pero nunca se dio por vencido. Ese deportista que tiene infinidad de reconocimientos y es admirado por muchos mantuvo la fe en sí mismo y siempre luchó hasta lograr ser quien es hoy en día. Al final todos coinciden en que: si se persevera con fe y se es constante el éxito llegará.

ES HORA DE EMPRENDER

Cada día son más las personas que deciden iniciar un proyecto, emprender un negocio y así volverse independientes. El camino no es fácil, no será fácil y para los que ya han emprendido no ha sido fácil. Muchos se preguntan: ¿Cuál es el momento ideal para emprender? Y pues, dicha interrogante nos lleva a diversas respuestas, pero la principal de ellas es que el momento de emprender es ahora, es hora de emprender. Siempre existirán miedos y es normal porque el ser humano siempre le teme a los cambios y a evolucionar.

A lo largo de la historia ha habido grandes emprendedores que aún y cuando pensaron que ya el momento se les había pasado decidieron iniciar o retomar sus proyectos y hoy en día son grandes y exitosos. Si bien es cierto que nunca es tarde para emprender también es cierto que el mejor momento para iniciar es ahora, pero ¿Por qué? Muy sencillo, el buen emprendedor aprovecha las oportunidades que le ofrece su entorno y convierte las dificultades en opciones positivas para ofrecer algo nuevo e innovador, hoy en día hay diversas herramientas que pueden hacer que los nuevos negocios se potencialicen de una manera que su alcance sea enorme, lo indispensable y fundamental es saber utilizar cada una de dichas herramientas.

Nunca dejes para mañana lo que puedes hacer hoy, muchas veces hemos escuchado esa frase y realmente es muy cierto. Los emprendedores le temen en su gran mayoría a iniciar con lo poco que pueden tener, pero no saben que de eso se trata precisamente el emprendimiento; de iniciar con lo que se tiene, sea mucho o poco y día a día ir mejorando y creciendo. Muchos de los grandes emprendedores que hoy en día son grandes empresarios y son ejemplo histórico de éxito empezaron con casi nada y a medida que fueron creciendo se desarrollaron y mejoraron su producto, la gran mayoría empieza con el llamado "ensayo y error" que a muchos los desanima y los hace tirar la toalla, pero el verdadero emprendedor sabe que de los errores se aprende y son ellos precisamente los que hacen que mejoremos.

¿Por qué debes emprender hoy? Esta interrogante es de gran utilidad para muchos de los emprendedores que se están iniciando, su respuesta es muy sencilla: el mundo está compuesto de una gran constante de cambios que cada día evoluciona, lo que ayer era algo de gran utilidad hoy quizá se ha vuelto obsoleto, y a eso debemos adaptarnos y eso debemos utilizarlo siempre a nuestro favor. Muchas empresas y organizaciones han llegado a la cima con algún producto por un determinado tiempo y luego simplemente pierden rentabilidad y posición dentro de su mercado competitivo y eso sucede porque no evolucionan ni se adaptan a las nuevas condiciones del mercado. El consejo para nuestros amigos emprendedores es que pierdan ese gran miedo que al principio se tiene, sí, es cierto, no es fácil, pero tampoco es imposible, en la gran mayoría de los casos todo es mental y la mente trabaja precisamente en base a lo que pensamos y sentimos, si hoy inicias tu proyecto y vez que no era como pensabas, ánimo vas por buen camino y así se empieza siempre.

EMPRENDE CON LO QUE TENGAS, SEA MUCHO O SEA POCO

Una de las grandes limitantes de las personas se radica siempre en los escasos recursos con los que en su momento pueden llegar a contar, muchas veces la situación económica del emprendedor no es la mejor, o simplemente el recurso con el que cuenta no es lo suficientemente grande para iniciar. Pero si eso pasa; ¿Qué se debe hacer? Esa es una de las grandes interrogantes hoy en día de los nuevos emprendedores, para ello tenemos una respuesta. Lo primero que debemos tener es fe en nosotros mismos, una buena actitud y las mejores ganas por salir adelante. Y lo segundo es hacer una organización de ideas y plantearnos diferentes escenarios que se pueden presentar, y si tenemos una cantidad de dinero estimado debemos iniciar y que nuestro proyecto, producto o negocio se ajuste a esa cantidad de dinero.

Luego de haber desarrollado ambas ya podemos iniciar como tal nuestra vida de emprendedores, de ahí en adelante empieza el aprovechamiento de todos los elementos que ya están en nuestro alrededor para impulsarnos. Por ejemplo:

-Las redes sociales; es decir, el internet 2.0 es una herramienta muy utilizada y de gran utilidad a la hora de promocionar o publicitar un producto, según encuestas para el año 2.019 el 84. % de las personas que cuentan con acceso a internet utilizan las redes sociales, tales como Facebook, Twitter, Instagram, Blogs, entre otros.

-Dale valor a tu producto; aunque estés iniciándote debes saber el valor que tu producto se merece y que esté acorde a lo que ofreces, el producto no debe tener un valor muy alto porque alejará a los clientes, ni muy bajo porque efectivamente atraerá clientes, pero verán tu producto como un producto genérico y no como un producto único, a menos que tu idea sea un producto genérico.

-Brinda un valor añadido; ofréceles a tus clientes un plus adicional al producto, que ellos vean que su dinero en verdad tiene un valor y que lo que pagan merece ser adquirido. Es un atractivo para los clientes obtener más por lo que pagan.

-*Inspírate, perfecciona y se innovador;* inspírate para que perfecciones el producto que ya tienes, mejóralo y así ofrece un mejor producto. Se innovador, lo nuevo muchas veces es más atractivo que lo que ya está.

Aunque lo anterior parezca fácil, no lo es, pero al menos no es tan fácil. Muchos emprendedores no se preparan para utilizar todos los recursos con los que cuentan y muchas veces los desaprovechan. Aunado a esto, hay situaciones difíciles que se deben tomar, el emprendedor debe aprender que ya no hay horarios que cumplir, pero tampoco hay días de descanso, al menos no al principio. Pero que eso no te asuste, luego veraz los frutos de tu gran esfuerzo, tantos días acostándote tarde, levantándote temprano y con pocas horas de dormir tendrán su recompensa. El éxito no llega solo, llega con esfuerzo y mucho sacrificio.

EL ESCALON AL ÉXITO

¿Qué es el éxito? Para muchos el éxito es alcanzar reconocimiento, condecoraciones y ser admirado por muchos. Para otros, el éxito es simplemente ser feliz con lo que ya se tiene o con lo que se es. En los últimos días la humanidad ha experimentado una serie de cambios, muy negativos para unos y para otros no tanto, se ha desatado una serie de frustraciones y muchos emprendedores que apenas se están iniciando sienten que ya no pueden seguir, que las opciones se les acaban o que todo está perdido. Hay algo muy importante que todo emprendedor debe tener muy en cuenta, y es que la vida es un escalón en el que siempre se avanzara un paso a la vez, pero cada uno de esos pasos son diferentes, muchas veces positivos y otras veces negativos.

Para ganar se debe aprender a perder, sino pierdes no aprendes, y sino aprendes a perder nunca aprenderás a ser un ganador. Esto es muy cierto en la travesía de obtener el éxito, cuando se inicia el gran desafío de emprender se mantiene a la expectativa sobre lo que pasará cada día. Si el éxito se encuentra en la cima de una montaña, en lo más alto, no será muy fácil llegar, cada escalada estará llena de obstáculos, unos más fuertes que otros, muchas veces toca retroceder uno o dos pasos para tomar otro impulso y seguir adelante. Aunque esto no siempre puede pasar así, son muchos los emprendedores a los que se les hace más fácil el camino que a otros, pero todos deben tener algo en común; tener paciencia, fe y perseverancia, que es indispensable en un emprendedor.

Alcanzar el éxito; muchos lo toman como un gran reto, un reto que les traerá en sus vidas grandes experiencias, además de la satisfacción de obtener como buen resultado por lo que se ha trabajado. El emprendedor debe tener muy en cuenta que el obtener el éxito no se dará de la noche a la mañana o en un abrir y cerrar de ojos, el éxito mayormente se obtiene como el ver crecer una planta; se siembra, se riega, se le dedica tiempo y se le está muy pendiente. Así es el éxito, conlleva de dedicación de tiempo, y el dedicar tiempo se traduce a cambiar en ocasiones el ritmo de vida y adaptarlo al proyecto que se quiere ver realizado. Noches sin dormir, días de levantarse temprano, dejar las fiestas a un lado. Pero cuando se quiere ser exitoso y se tiene una meta bien fijada nada de eso será un problema. Lo que hoy vez como un gran sacrificio conviértelo en un hábito, si, en un hábito que te hará ser ese líder exitoso, ese emprendedor que día a día verá reflejado el fruto de su trabajo. Pueden haber días de desanimo donde todo parezca encontrarse sin sentido, cuando eso suceda recuerda por qué se inició tu sueño y toma nuevamente esa motivación tan necesaria para seguir.

SE TU PROPIO EJEMPLO

El ser humano desde siempre ha crecido con el patrón de un ejemplo a seguir, siempre tiene un ídolo que con sus logros y éxitos lo motiva a seguir sus pasos. Al principio para cualquier emprendedor esto no es malo, muy al contrario, es bueno, pero hasta cierto punto. ¿Pero por qué? Cada vez que una persona decide lanzarse a la aventura del tan arriesgado emprendimiento es un proyecto nuevo que casi siempre viene a innovar y no a entrar en el mundo de la oferta y demanda compitiendo por precio y no por valor de calidad.

En estas líneas resaltamos la importancia de la automotivación, la autovaloración y ser nuestro propio ejemplo. Citaremos una famosa frase de Steve Jobs "Si tú no trabajas por tus sueños, alguien te contratara para que trabajes por los suyos". Esta famosa frase nos deja como conclusión que "el emprendimiento se trata y va más allá de ser uno más, se trata de marcar la diferencia cuando se toma la gran y difícil decisión de emprender para luego ser nuestro propio jefe". Quien emprende debe proyectarse en varias etapas, la inicial; que es cuando decide arriesgarse y se lanza al mundo tan complejo del emprendimiento, la intermedia; que es sin dudas alguna la más difícil y es aquí donde muchos deciden no seguir, y el gran desarrollo; que es la mejor etapa, ya que es precisamente donde se ven reflejados los esfuerzos de la etapa inicial y la intermedia.

El negocio puede ser pequeño, pero la visión debe ser muy grande. Este debe ser el principal pensamiento de quien emprende, sabiendo que, aunque con lo que cuente sea poco en el momento de iniciar, su vista debe estar fijada en crecer y crecer, en este aspecto debe existir algo que llamamos "ambición de crecimiento", que le permite al emprendedor no perder su enfoque. Aquí entra en juego la perseverancia y la persistencia. La perseverancia; que en ocasiones tiende a mostrarse en un proceso lento pero que al final muestra un progreso muy favorable y positivo. La persistencia; que va de la mano con la fuerza de voluntad pero que también muestra la tenacidad de querer alcanzar lo que se quiere.

Nadie nunca puede pretender y llegar a tener éxito en un abrir y cerrar de ojos, y aunque muchos duden de la capacidad de quien emprende, debe existir esa fuerza motivacional y esa energía positiva que proyecta que el logro será alcanzado, no será uno, ni dos, ni tres, serán muchos los intentos que serán fallidos al principio, pero luego serán triunfos tras triunfos. No hay nada mejor en este caso que ser nuestro propio ejemplo, tanto de fracaso como de buen resultado, porque el fracaso nos enseña lo que en la próxima ocasión no se debe hacer, hay una reflexión que dice así "si no hubiera fracasado tanto nunca habría sabido lo que es el éxito", y efectivamente así es, el éxito siempre se lograra con un gran fracaso que lo anticipa, y es allí donde quien emprende entiende que no hay nada mejor que ser su propio ejemplo.

LIDERA CON HUMILDAD

La mayoría de las personas cuando obtienen una superación personal, alcanzan una nueva meta, o son ascendidos a un mejor cargo tienden a cambiar en su forma de ser, se convierten en el jefe y no en el líder. Esto pasa con mucha frecuencia en muchas organizaciones y tiende a crear un clima que en muchas ocasiones se torna molestoso. Vale la pena recordar que no es lo mismo un jefe que un líder, existen grandes diferencias entre ambos que marcan significativamente una diferente definición de ambos roles. Por ejemplo;

-El jefe se encarga de dirigir la organización, mientras que el líder guía a su equipo.

-El jefe tiene y muestra su autoridad, (a veces abusando de ella), mientras que el líder necesita y genera confianza a su equipo.

-El jefe inspira y busca respeto (que es fundamental y muy bueno), mientras que el líder genera entusiasmo.

-El jefe busca responsable a los problemas, mientras que el líder busca soluciones a dichos problemas.

-El jefe da órdenes (muchas veces de la peor manera), mientras que el líder pide ayuda.

-El jefe muestra el camino y les indica a sus súbditos que tomen ese camino, mientras que el líder recorre el camino con su equipo.

Cabe aclarar que no hay jefes malos ni lideres malos, diferentes sí, pero no malos. No se trata de que un jefe sea bueno o malo, o que un líder sea bueno o malo, se trata que dentro de una organización o un equipo exista un ambiente de respeto, de paz, de confianza, lamentablemente en la actualidad eso poco ocurre. Muchas veces se confunde el significado entre jefe y líder, no son sinónimos, son muchas las actitudes y cualidades que dejan ver una gran diferencia entre los dos perfiles. Según algunos autores y en diferentes artículos concuerdan que dentro de una organización o empresa la productividad es más positiva cuando es dirigida por un líder y no por un jefe, ya que los empleados o el equipo de trabajo actúan mejor ante la inspiración de la visión de un líder y no ante las órdenes de un jefe.

La humildad es fundamental y una base muy importante a la hora del liderazgo ante cualquier organización o equipo de personas, un líder puede ser humilde pero eficaz y eficiente en el cumplimiento de su rol, marcando así un antes y un después. Lamentablemente y vale la pena resaltarlo, en la actualidad y ante la tanta competencia la sociedad apoya más la arrogancia y la presunción siempre y cuando esto genere beneficios e interés propios y comunes. Por eso a ti que hoy te has convertido en un jefe te invitamos a que seas más un líder y no un jefe y que lideres con humildad y no con autoridad.

CADA DÍA ES UNA NUEVA OPORTUNIDAD

Cada vez que el sol sale es una nueva oportunidad que tenemos para empezar de nuevo, empezar de cero y corregir los errores que se pudieron haber cometido. El ser humano vive en una constante cambiante que depende del contexto donde se desenvuelve, muchas veces estas constantes cambiantes saturan en lo personal y profesional a las personas. En esta parte, dedicamos para ti una serie de tips que deben convertirse en hábitos a seguir para apartar lo positivo de lo negativo, el estrés producido en el trabajo con lo bonito que debe ser el ambiente familiar.

Pero antes de presentar esos hábitos es importante conocer lo que principalmente cada persona de forma individual debe aprender, es decir, cada persona debe:

-*Quererse a sí mismo;* cuando se aprende a querer a sí mismo se aprende a valorar y a otorgarse el lugar que se merece. Es fundamental el "auto quererse" porque eso hace que no se dependa de otra persona u otro grupo de personas para seguir adelante.

-Aprender a cultivar relaciones (sociales, personales y familiares); las relaciones son como un árbol, cada sé día se cultivan y se van regando, se eliminan las malezas que se presentan, así como las personas deben quererse a sí mismos deben también querer a los demás, y para que un ser humano se desenvuelva de mejor manera debe aprender a ser social, a ser tratable y a ser mejor miembro de su núcleo familiar.

-Concentrarse en todo lo que se quiere lograr; las personas deben tener metas, plantearse objetivos y concentrarse en alcanzarlos. Hay quienes realizan un plan o proyecto de vida y lo dividen en actividades diarias, semanales o mensuales, sea cual sea, lo importante es la organización y la mente clara en todo lo que se ha propuesto realizar.

Ya teniendo bien presente todo eso que cada persona debe saber, ahora si aprendamos a hacer una distancia y un apartado de las cosas. Primero: ninguna persona puede unir lo negativo con lo positivo, es decir, si dentro del día a día ocurren una o varias acciones negativas no se puede dejar que esas acciones negativas afecten las positivas, el secreto es apartarlos el uno del otro. Segundo: el estrés del trabajo no puede afectar el ambiente familiar, esto va de la mano con lo anterior y es que como dice la frase: "lo que pasa en el trabajo se queda en el trabajo", si en el trabajo no están las cosas bien o se está pasando por días difíciles no se puede dejar que eso tienda a crear situaciones que pueden afectar a los hijos, o a la pareja.

Cada día es un paso más para construir la vida que queremos y soñamos. Si nos planteamos metas y estructuramos esas metas con proyecciones, cada paso que demos será muy importante y fundamental. Cada día trae su propio afán, pero ese afán debe ser una etapa diaria de la meta a desarrollar, cada día se debe dar lo mejor de sí mismo, se deben dejar a un lado todos esos miedos que pueden opacar esas ganas, si el objetivo diario no se logró ayer, hoy es una nueva oportunidad para intentarlo una vez más. Recuerda que la fe nunca debe faltar, cada persona viene a este mundo con un propósito único y especial y todos somos hijos de Dios.

NO GASTES EN LUJOS, INVIERTE EN TU EDUCACIÓN

Hoy, mañana y siempre la educación es un recurso primordial y fundamental para el crecimiento individual de una persona o en conjunto de una organización. Mientras haya más formación y capacitación existe mayor posibilidad de obtener buenos resultados y alcanzar el éxito pronto. Las personas en la actualidad quieren surgir rápidamente, de forma espontánea, sin invertir en su educación, existe un pensamiento que afirma que la imagen es más importante que la intelectualidad y el conocimiento, pero si bien es cierto es el conocimiento lo que conlleva al triunfo y la imagen sirve más como instrumento publicitario.

No gastes en lujos, invierte en tu educación. Queremos dar un gran consejo a esos emprendedores que se están iniciando y que quizá tengan ese pensamiento que la imagen vende más que la educación y formación, y esto puede ser cierto o no, pero lo realmente verdadero es que un emprendedor debe ser creativo e innovador, y eso no solo se logra con una bonita imagen, sino con inteligencia e intelectualidad. Las grandes organizaciones siempre van a mirar el perfil intelectual y las capacidades de una persona, porque si bien es cierto para dirigir se necesita liderazgo, carisma y buena formación.

Educarse para emprender y para ser líder. ¿Por qué? Las nuevas generaciones de emprendedores y líderes tienen la gran tarea de marcar un antes y un después en la historia. Esta educación en emprendedores y líderes hace que, al momento de presentarse un cambio relacionado a lo social, a lo económico, a lo ecológico que tenga alguna relación directa con ellos sea más fácil para tomar las decisiones que la o las situaciones ameriten. Muchos son los casos que se presentan donde el nuevo emprendedor o líder se deja influenciar o asesorar más por el marketing de venta de imagen impactante que por las cualidades que lo hacen potencialmente diferente.

¿Puede ser costoso educarse? Como todo, nada es gratis ni fácil, educarse, capacitarse, formarse, necesita y requiere de una inversión que para muchos puede ser poco accesible o más difícil que para otros, pero es importante tener presente que las actuales y futuras condiciones de este mundo cambiante y que presenta una constante competencia ameritan tener intelectualidad y ser diferentes a lo ya establecido, por eso el emprendedor o líder debe tener todas las herramientas necesarias que le permitan siempre tener un paso adelante. La educación siempre será la mejor inversión, y será el mejor legado que se puede dejar tanto a familiares como al equipo de trabajo.

LOS LÍMITES SON MENTALES

Muchas veces cuando iniciamos un nuevo proyecto o nos planteamos metas y objetivos, también se nos viene a la mente una serie de limitantes que en muchas ocasiones son solo mentales. Es normal sentir miedo, temor al fracaso y pensar que nada resultara, pero es muy cierto que el éxito no puede lograrse sin haber pasado por el fracaso. Mayormente esos límites se ven reflejados en variantes como poco dinero para realizar una inversión, el dinero siempre será un factor muy importante dentro de los elementos de cualquier emprendedor, pero no será indispensable al cien por ciento ya que el buen emprendedor debe ser creativo e iniciar con lo mucho o poco que tenga a su alcance, lo importante no siempre es la cantidad con que se puede iniciar, lo importante es poder iniciar.

La mente tiene poder y es un arma muy poderosa y efectiva. Esta afirmación nos plantea que todo es posible siempre y cuando se crea que se puede lograr y obviamente se trabaje para lograrlo. Los limites son barreras producto de nuestra imaginación y son de tendencia ficticia, el cerebro trabaja y de acuerdo a cómo trabaja se encarga de decidir hasta dónde puede llegar, si una persona es de mente positiva y siempre lleva de mano la fe todo lo lograra, hay que ser de espíritu positivo y de personalidad constante y creer sobre todas las cosas en lo que se quiere, triste y lamentablemente en la actualidad son pocas las personas que pueden alcanzar una mentalidad positiva que les permita obtener todo aquello que desean.

Las personas que tienen la capacidad de mantener una mente fortalecida y concentrada en lo que quieren tienen mayores posibilidades de ser exitosas y alcanzar todo aquello que se proponen en la vida. Es de gran importancia ver el fracaso como como una oportunidad positiva y de aprendizaje y no como algo malo, así mismo sobreponerse y auto superarse. Esto va de la mano con mantener siempre una actitud positiva, ya que será esto lo que nos llevará a mantener la perseverancia y con ello a avanzar. La concentración mental constituye una parte importante dentro del marco del emprendedor y muy poco es utilizada. La mente es tan poderosa que dicho poder que posee puede eliminar y hacer que cualquier limite por grande que parezca se convierta en pequeño. Cuando el ser humano desarrolla una fortaleza mental esto le hace las cosas más fáciles en sus diferentes entornos, le ayuda a mejorar su vida personal, profesional y laboral, le muestra mayor claridad al momento de tomar decisiones, en definitiva; cuando el poder mental se aplica los resultados siempre serán los mejores, los más gratificantes y los más esperados. La mente tiene un poder único, un gran poder que nunca dejara de sorprendernos, ser una persona de mente positiva y lograr atraer todo eso que se quiere es realmente un don que todos tenemos pero que muy pocos sabemos utilizar.

LAS TORMENTAS PASAN, SIEMPRE PASAN

A veces pensamos que los tiempos malos son eternos o para siempre, pensamos que la vida se nos vuelve una gran tormenta y que no podemos salir de ella, se nos olvida que al final el túnel siempre hay una luz de esperanza que ilumina para una nueva oportunidad. Muchos son aquellos que luego de decepcionarse creen que todo está perdido y que ya no hay alguna otra oportunidad, pero lo cierto es que no es así, por muy difícil y dura que se torne una situación siempre tendrá solución. En muchas ocasiones estas grandes tormentas traen consigo cosas buenas, al principio no lo percibimos, pero casi siempre es así. En ocasiones nos preguntamos: ¿por qué nos va mal? Más de allá de encontrar una respuesta a esta interrogante nos tropezamos con más y más preguntas, nuestra mente da vueltas y resulta que todo puede volverse muy tormentoso, es allí precisamente donde entra la palabra "optimismo", el ser optimista.

El optimismo siempre debe permanecer en nosotros, aunque parezca ser desfavorable en ocasiones, porque una época o etapa de nuestra vida no fue la mejor no significa que siempre será así.

Para ello colocamos el ejemplo de la lluvia y la tierra; muchas veces la lluvia es muy necesaria para que los campos se nutran y los cultivos florezcan, pero así como esa lluvia ayuda a los campos también puede causarle mucho daño si llega en exceso, aun y si eso pasa luego también será beneficioso. Eso mismo sucede con las personas, muchas se deprimen y entran en un círculo donde todo le da vueltas y piensan que no podrán salir de allí, pero luego por algún motivo sucede algo y todo cambia, pero por supuesto debe existir dentro de cada persona aunque sea esa pequeña dosis de optimismo, que le ayude a aceptar las cosas buenas que lleguen.

Con lo anterior entendemos que siempre se debe tener presente en nuestras vidas el optimismo, una persona optimista siempre le ve el lado bueno de las cosas y entiende que las situaciones que se tornen difíciles son con un propósito existencial, divino y con un motivo muy puntual. El año 2020 se caracterizó por ser único en todo el sentido de la palabra, pues sus enseñanzas han marcado un antes y un después, muchos le han sacado provecho mientras que otros se han quedado sin poder salir adelante por muchos motivos, pero de lo malo también hay lo bueno, esta cuarentena en la mayoría de los casos ha unido familias que por diversas circunstancias se encontraban distanciadas, ha creado humildad en las personas, no en todas, pero si en la mayoría.

Queremos con estas palabras crear una reflexión para las personas, que el alcance de estas líneas sea más allá de una simple lectura y se convierta en un mensaje que ayude o motive a quien lo necesite, el ser humano aún no ha comprendido que si queremos lograr muchas cosas en nuestras vidas debemos entender que nunca estamos solos porque Dios siempre estará con nosotros, recuerda que las tormentas pasan, siempre pasan.

MOTIVACIÓN: LA CLAVE PARA LOGRAR EL ÉXITO EN TODO

La motivación es el secreto para lograr el éxito en todo, esa es una afirmación que hacen muchas de las personas exitosas y realmente así es, cada día debemos contar con una constante motivación y automotivarnos si es necesario. Mentalmente debemos enfocarnos y tener la disciplina necesaria para mantener esas metas o fines propuestos. El ser humano por naturaleza siempre tiene motivos o razones para estar motivado y automotivarse, entre esas razones se encuentran: la familia, el trabajo (si es dependiente), el negocio propio (si es emprendedor). Son tantas las razones que existen por las cuales luchar y seguir en pie.

Muchas personas ven la motivación como una necesidad, una necesidad para obtener un logro y así sentirse lleno, realizado. Queremos compartir con ustedes estas líneas para impulsarlos a mantener esa motivación diaria que nunca debe faltar. La clave está en estar motivados siempre, pero ¿cómo hacerlo? Existen ciertas estrategias que cada uno puede utilizar para automotivarse y las compartiremos ya que sabemos que a veces es muy necesario ese apoyo, por eso, a continuación presentamos esas cuatro estrategias:

-Primeramente, pensar siempre en positivo; los pensamientos siempre son un factor muy importante para el ser humano, si el pensamiento es positivo las acciones serán positivas y por ende todo lo que se logre será positivo. Si por el contrario se es negativo y se piensa negativo esto va a influir de forma que todo parezca inalcanzable, los seres humanos de por si tienen esa voz interna que en la mayoría de los casos les dice "continua y sigue adelante", esa voz interna debe influir grandemente.

-En segundo lugar, debemos ordenar nuestras ideas y reflejar las metas que se hayan ido cumpliendo; cuando somos ordenados y disciplinados todo se hace más fácil para lograr. Ordenar nuestras ideas puede resultar de gran ventaja y provechoso, recomendamos hacer una lista de esas ideas priorizando las de mayor importancia, puede ser una lista o un pequeño diario donde se describa con más detalle el progreso alcanzado. Podemos tener muchas metas a la vez, pero es importante priorizar porque eso hace más factible poder hacer que se cumplan ya que hay metas que

luego de cumplirse ayudan a que otras metas se cumplan, es decir hay una secuencia de metas y de progreso.

-En tercer lugar, imaginar el logro de las metas; psicológicamente hablando es muy efectivo el visualizarse logrando metas y objetivos, ya que la mente se visualiza con un logro más y se automotiva, esto es algo muy sencillo de hacer, es un ejercicio simple, solo se debe cerrar los ojos por unos cuantos minutos e imaginarse feliz con un objetivo logrado, sentir el éxito hace mucho más fácil que este se perciba.

-En cuarto lugar, está el prepararse para los momentos no tan buenos o los bajones; siempre existirán buenos y no tan buenos momentos y se debe estar preparado mentalmente para ello, para aceptar que hoy no fue un buen día, pero mañana si lo será, no todos los días son perfectos o los mejores, y aunque pueden aparecer pensamientos que nos hagan dudar de lo que se quiere lograr, lo importante es mantener bien fijada la meta. Siempre que se emprenda o se inicie algo, cualquier cosa, lo que sea, debe existir esa "motivación" esas ganas de alcanzarlo. Una de las claves principales del éxito se

llama motivación, motivarse siempre es fundamental para lograrlo todo, el día para ser exitoso es hoy y no hay motivos para no intentarlo.

ÉXITO: MÁS QUE CINCO LETRAS

El éxito es para muchos un logro, una meta cumplida o por cumplir, o la realización de algo propuesto. Pero si nos vamos al origen de la palabra éxito esta viene del latín "exitus" y significa "final" o "termino", entonces el éxito es más que cinco letras ya que supone ser la transición positiva que obtiene una persona en algún momento determinado de su vida. Desde el inicio de la vida cada ser humano va realizando actividades y cumpliendo así etapas de logros de éxito de forma inconsciente, y las celebra sin saber que ya se es exitoso así sea de algo pequeño, pero se es exitoso.

Muchas personas asemejan el éxito luego de haber acumulado ciertos logros, para ello utilizan algo que acá denominamos "medición del éxito", el éxito se puede medir, pero de forma de realización de metas, es decir; supongamos que una persona se plantea una serie de metas y las refleja en una lista, cada vez que esa persona vaya cumpliendo cada una de esas metas va logrando un éxito más, de esa forma va midiendo el éxito. Por esa razón toda persona siempre será exitosa, desde su nacimiento ya lo es por el hecho de estar vivo, de respirar, de tener un hogar y una familia, ya ese es el éxito inicial con el que la mayoría de las personas inician su vida. Con eso ya mencionado se entiende que el éxito es más que un concepto psicológico o motivacional, el éxito va más allá e implica muchas cosas, el éxito es más que cinco letras porque se refiere al nivel máximo esperado y superado por el ser humano.

Ser exitoso no significa ser feliz, esa afirmación tiene su grado de cierto, pero todo depende de la óptica con que se observe. Muchas personas sacrifican su tempo, su familia y sus amigos por un proyecto que luego de ver el mismo realizado ya habrá valido la pena. En este sentido, se sacrifica de alguna forma la felicidad por el éxito, la felicidad que puede generar pasar el tiempo con la familia y amigos o aprovechar ese mismo tiempo para dedicarlo a sí mismo. Existe una premisa que afirma que el éxito no es sinónimo de ser feliz, ya que el éxito está asociado con el obtener algo, es decir; el poseer algo material, mientras que la felicidad es todo lo contrario, la felicidad hace referencia al estar bien sin tener lo material, es decir; sentirse bien sin tener nada, sentirse realizado espiritualmente. Existen casos donde las personas se sienten felices, exitosas y realizadas espiritualmente, en este sentido, hacemos referencia al bienestar de cada persona. Cada día se debe luchar incansablemente por eso que se desea o se anhela, y eso depende internamente de cada uno de nosotros. El día perfecto para todo es hoy, hoy se inicia y mañana se continua.

MANTÉN SIEMPRE LA VISTA AL FRENTE

En muchas ocasiones nos desviamos de nuestra meta u objetivo y le quitamos la importancia que realmente se merece, es de vital valor mantener siempre la vista al frente en cuanto se refiere a eso que nos hemos propuesto realizar. Jamás debemos malgastar nuestras energías, tanto físicas como mentales en cosas que nos distraigan de eso que en un futuro próximo y no muy lejano nos dejara frutos positivos, las distracciones siempre estarán, siempre llegara eso que puede mostrarnos cosas que a simple vista sean mejores que nuestra meta, pero que luego comprobaremos que no fue así. Cuando intentamos escribir una historia basada en objetivos por cumplir soñamos en grande, pero para realizar esos sueños y hacer que dichos objetivos se materialicen se debe ser como una flecha y no perder el horizonte.

En la actualidad existen una gran variedad de herramientas que nos pueden ayudar y ser de gran utilidad para concentrarnos en eso que queremos lograr, la tecnología por ejemplo puede ser de gran utilidad siempre y cuando la utilicemos de la mejor manera, además de esta, existen otra serie de fórmulas que se pueden utilizar, por ejemplo:

-Ajustemos el espacio y dediquémosle el tiempo que se merece esa meta, o si es posible mucho más aun; cuando se invierte gran cantidad de tiempo este luego será recompensado cuando se obtengan los frutos de dicho esfuerzo. El tiempo es muy valioso, por eso la mejor forma de darle uso a ese tiempo es en algo que realmente valga la pena y sea de provecho.

-La concentración; sea cual sea nuestra meta, la concentración es vital y fundamental. Si nuestra meta está enfocada en los estudios, es decir, graduarnos de una carrera, la concentración funciona como estrategia muy buena. Coloquemos como ejemplo que nuestra meta sea la de lograr una estabilidad, ya sea como emprendedor o dependiente de una entidad, en ambas se aplica la concentración ya que si nos concentramos en hacer bien lo que nos corresponde el resultado será muy favorable.

-Miremos a largo plazo; mirar las cosas a largo plazo es un pensamiento de la gente exitosa, ya que en todo emprendimiento se ven los resultados a largo o mediano plazo, este es un proceso de crecimiento y desarrollo, muy similar al de un árbol;

se siembra la semilla, se riega a diario, se cuida y luego se verán los frutos.

Muchas personas se proponen diversas cantidades de metas y no se centran en ninguna, a la final esas metas solo quedan en el papel y no se desarrollan porque se dispersan, no existe esa centralidad, y por ende no existe ese compromiso como tal. La clave entonces como se ha expresado en las líneas anteriores es mantener la dirección correcta de lo que se quiere lograr, queremos darte esos consejos prácticos que al ser bien utilizados serán muy provechosos, por eso te reiteramos una vez más que te centres es lo que quieres lograr, día a día, esfuérzate, ponle ganas, da un poco más y veraz como todo eso que hoy haces y que llamas esfuerzo luego será eso que tanto anhelas. Hay veces en las que se deben crear hábitos, esos hábitos deben basarse en las estrategias puntuales y precisas. Hoy es un gran día para soñar y alcanzar todo lo que quieras, animo que todo sueño será cumplido.

LA IMPORTANCIA DE QUE TU CIRCULO SEA POSITIVO

¿Qué tan importante puede ser nuestro círculo de amistades o de las personas que nos rodean? Muy buena interrogante, realmente nuestro círculo de amistades puede influir mucho, muchísimo sobre nuestro emprendimiento. Ciertamente si se es positivo se atrae lo positivo, es por ello que en estas líneas te daremos una serie de consejos que serán de gran utilidad para ti amigo y amiga, emprendedores que se están iniciando. Recorrer el camino no es tarea fácil, pero es menos difícil si es acompañado de gente positiva que puede aportar en vez de quitar. Recibir consejos siempre será un gran aporte de parte de quien quiere sumar y no restar, los verdaderos amigos son aquellos que están y estarán siempre allí, desde el principio, desde la primera piedra del proyecto hasta que esa meta sea lograda.

Lo positivo se contagia, la alegría se contagia, las buenas vibras se contagian y se convierten en factores influyentes, tanto el pesimismo como el optimismo se contagian. Trata e intenta rodearte de personas de pensamiento y potencial similar o superior al tuyo, que realicen críticas constructivas y no destructivas, que desde un análisis se conviertan en correcciones. Cuando se inicia un emprendimiento y se está rodeado de personas leales, de verdaderos amigos se evidencia con el apoyo prestado, y ese apoyo no es necesariamente económico, sino moral, es un apoyo que se evidencia en el estar allí cuando se le necesita, por ejemplo; cuando emprendes un negocio, en ventas, tus fieles y verdaderos amigos serán quienes estarán allí y serán tus primeros clientes y darán buenas referencias sobre ti y sobre tus servicios, pues esta es la mejor forma de ayudar.

Cuando se lucha por un sueño se inicia un camino que puede ser largo, un camino donde en el andar diario no es fácil, pero aun y cuando ese camino se torne difícil se debe disfrutar, y aun mejor se disfruta si en ese transitar se cuenta con esas personas que han demostrado ser personas fieles. Actualmente no es fácil encontrar una amistad leal que esté dispuesta a estar allí, apoyando sin esperar recibir algo a cambio, hoy en día la sociedad se ha mostrado más interesada en el estar bien individualmente que en el ver que un amigo este bien. Si queremos rodearnos de personas positivas lo primero que se debe hacer es poder identificar quienes son esas personas positivas que pueden aportar, una persona positiva es aquella que puede hacer que un día deje de ser no tan bueno y se convierta en un buen día, esas personas pueden formar parte de tu grupo familiar o de amigos y puedes identificarlos de acuerdo a su actitud, las personas positivas te hacen sentir bien, te emiten una energía que sin darte cuenta te ayuda mucho y pueden hacer que en los momentos difíciles te sientas bien. Por eso es muy importante que tu circulo sea muy positivo.

SER DIFERENTE MARCA LA DIFERENCIA

A veces nos pasa que por ser diferentes no encajamos dentro de un grupo de personas, e incluso dentro de una sociedad. A más de uno le ha pasado en su etapa de estudiante que por tener ideas, convicciones o simplemente ser diferente a los demás es rechazado, eso no es tan malo del todo porque ser diferente marca la diferencia, muchos llegan a sentirse mal e incluso a deprimirse, otros lo toman a la ligera y no le prestan atención, en las próximas líneas te hablaremos un poco sobre las ventajas de ser diferente y porque debemos aprovechar si somos diferentes. Cuando somos diferentes gozamos de opinión y criterios propios, difíciles de convencer, nuestra manera de ser es única y por ello estamos destinados a marcar el antes y el después donde muchas veces somos los protagonistas o jugamos un papel importante.

Una persona diferente goza de grandes características, que visto desde un punto de vista pueden ser llamadas virtudes, una persona diferente en la mayoría de los casos llega a ser más auténtica que cualquier otro, más sincera y directa, de igual forma pueden ser fuente de inspiración ya que hacen lo que muchos no se atreven a hacer, por ahí dicen que ser diferente no es aburrido. Quienes son diferentes son como una luz de color frente a una línea de luces blancas, es decir; no encajaran, pero si sobresalen, y es mejor sobresalir que encajar. En la actualidad vivimos en una sociedad basada simplemente en la apariencia más que la inteligencia y es allí donde ser diferente es más importante que ser igual al resto. Cuando eres el tipo de persona con metas, sueños y convicciones veras eso como retos por cumplir y no como ideas inalcanzables.

Si eres emprendedor ya eres diferente, Pero ¿por qué? Porque no todos son emprendedores, no todos son de espíritu valiente y luchador, que se empeña y busca la manera de cumplir todo lo que se propone. Las personas de mente emprendedora, con ganas de salir a delante y de no depender de ninguna entidad para estabilizarse y mantenerse económicamente actualmente están escasas, y no con esto queremos decir en estas líneas que los emprendedores son de otro planeta, no, para nada, simplemente que no todos se atreven a correr riesgos, no todos se atreven a iniciar un proyecto o un negocio sabiendo que no será fácil, que el camino será difícil, de altas y bajas y que aún así deben luchar porque por ser emprendedores ya son luchadores, y no solo luchadores sino vencedores porque con el simple hecho de intentarlo ya son ganadores pues le ganaron al miedo.

Hagamos un poco de referencia sobre la pandemia del Covid-19 y los emprendedores: para los emprendedores no ha sido fácil, muy por el contrario, esta ha sido la mayor prueba de resistencia, de liderazgo, de estrategia, de planificación y a su vez de suerte, sí, de suerte. No se puede culpar a quienes bajaron la cabeza y dijeron: "ya no más", pues recordemos que en todo negocio o empresa los recursos pueden ser recursos finitos y que en los momentos de crisis pueden llegar a no ser suficientes. Es sumamente importante siempre, ante cualquier circunstancia a no perder la fe, primeramente, a mantener la constancia, la perseverancia y esas ganas de seguir saliendo a delante. ánimo emprendedores, este es el momento de volver a marcar la diferencia al intentarlo de nuevo.

TÚ ESFUERZO SIEMPRE DARA FRUTOS

Siempre que se inicia algo llegaran los comentarios, unos constructivos y otros destructivos, en ambos casos de los tipos de personas que te rodean, muchos te dirán que tu esfuerzo no habrá valido la pena, que estás perdiendo el tiempo, pero eso no es así. Cuando se es el tipo de persona que tiene visiones de grandeza en la vida se puede lograr todo, con esfuerzo, mucho esfuerzo, pero se puede lograr. Los grandes visionarios y que hoy en día son reconocidos por una marca ya patentada se iniciaron de la nada, como unos totalmente desconocidos y sin que nadie creyera en ellos, pero a la final cuando vieron que sus esfuerzos estaban dando frutos ahí si todos aplaudían. Amigo y amiga que eres emprendedor déjame decirte algo: los procesos llevan tiempo, muchas veces más del esperado, pero el resultado final es ese tan anhelado fruto.

Tu esfuerzo siempre dará frutos, siempre, más temprano que tarde, pero los dará. En el transitar de querer cumplir esa meta, de tener ese gran negocio propio nos encontraremos de todo un poco, tropezaremos con personas quienes nos alentaran con mensajes positivos donde nos expresen ese deseo de ver que si se nos ha cumplido esa meta. Pero también nos encontraremos con el tipo de personas negativas, esas personas que en vez de construir destruyen con sus comentarios. Pero lo realmente importante aquí es mantener firme ese pensamiento de lograr todo eso que se quiere lograr, nada ni nadie debe desviarnos de alcanzar eso que queremos. Debemos ser nosotros mismos quienes nos automotivemos cuando nadie lo haga, y por nada del mundo debemos dejar que un mal comentario o una crítica mal fundamentada nos haga sentir mal.

Cuando sientas que no puedes o vez que cumplir esa meta está lejos, recuerda el motivo por el cual iniciaste, y luego ese mismo motivo será el motor que dé un nuevo impulso para intentarlo una vez más. El emprendimiento es y será siempre como una escalera en la que cada día, cada semana, cada mes se van subiendo escalones por escalones, pero claro muchas veces subimos un escalón y bajamos tres, y esto es muy normal, pasa debido a muchos factores, puede pasar cuando hay problemas de economía global (si nuestro negocio está relacionado directamente con la compra y posteriormente la venta, por ejemplo) y cuando eso pasa simplemente toca replantearse ideas y estrategias con el fin único de subir los escalones que se bajaron, estabilizarse y dar un paso más para avanzar y crecer. El camino de un emprendedor no es ni será fácil, nunca lo ha sido, pero la convicción del emprendedor es lo que hará que su emprendimiento salga adelante y de los frutos esperados.

ADMINISTRA TU TIEMPO

Muchas veces nos quejamos porque no tenemos tiempo, o porque el que tenemos no nos alcanza, un secreto que deben conocer todos aquellos que emprenden es administrar en lo posible su tiempo, Pero ¿cómo hacerlo? Cuando se habla de administrar se refiere a organizar y estructurar, en este caso hacerlo con el tiempo no es tarea tan difícil o complicada, lo importante realmente es tener la mejor disposición de hacerlo. Presentamos una serie de métodos para administrar ese valioso y tan preciado tiempo, como siempre todo depende de la disposición de cada persona y el querer cumplir a cabalidad lo propuesto. Sin más preámbulos, empezamos:

-Realicemos una lista de objetivos claros, precisos y prioritarios; a veces mal gastamos el tiempo porque no tenemos claro ni priorizamos lo que realmente es importante, al no hacer esto corremos el riesgo de cumplir metas, objetivos y propósitos, por tanto, lo primordial es saber que es más importante y que merece realizarse primero.

-Aprendamos a crear los hábitos y las rutinas; los buenos hábitos son una clave de la gente exitosa, pero cuando estos buenos hábitos se compaginan con la rutina se tienen asegurados buenos resultados, para ello tomaremos como ejemplo a los deportistas, los deportistas crean una rutina de entrenamiento diaria que les permite controlar y administrar su tiempo, con ello realizan sus actividades diarias sin dejar de lado sus otras obligaciones.

-Aparta las distracciones de tu vida; las distracciones son un factor muy negativo que si no se controlan afectan enormemente nuestro tiempo y esto hace que no realicemos nuestras actividades, por ello es totalmente importante mantener nuestra mente centrada en eso que realmente queremos realizar.

-Tomate un respiro; si bien es cierto en ocasiones nuestro tiempo se ve limitado o escaso por acumulación o exceso de tareas, nos saturamos y si esto sucede nuestro rendimiento bajara, por ello es sumamente importante dedicar unos minutos para tomar aire, respirar profundo y seguir. Esto aplica en cualquier ámbito o actividad que estemos realizando.

-Respetemos las horas de dormir o descansar; normalmente nos hemos mentalizado desde niños a dormir ocho horas o más, y esto es lo más certero que existe, el cuerpo humano, así como debe ejercitarse física e intelectualmente también debe descansar para que su funcionabilidad sea la mejor.

-La salud es primordial; de la mano con lo anterior, el mantenerse saludable es fundamental, cuando se es emprendedor se tiende muchas veces a descuidar la salud por muchas cosas, pero un buen emprendedor sabe que el mantenerse saludable aumentara la eficacia de la productividad de lo que se encuentre haciendo.

Estos seis métodos son los más fáciles de aplicar siempre y cuando contemos con la mejor de las disposiciones, los emprendedores sabemos que todo recurso con el que contemos es tan valioso y que se debe aprovechar al ciento por ciento. Muchas veces no sabemos valorar cada minuto de este tan preciado recurso con el que contamos, por eso cada minuto cuenta, no lo mal gastes, no lo desperdicies, inviértelo de la mejor manera y veraz que el resultado siempre será el mejor.

UN MOTOR LLAMADO FE Y PERSEVERANCIA

La fe mueve montañas, con fe todo es posible. Estas son dos afirmaciones que usamos muchas veces para muchas cosas, pero pocos son los emprendedores que las utilizan, cada proyecto o negocio que se inicie debe primeramente encomendarse a Dios que es quien puede lograr grandes cosas. La perseverancia aunada a la fe significa la combinación perfecta, no obstante, en la actualidad gran parte de los seres humanos han perdido la fe por distintas razones o circunstancias y sin duda alguna esto es sumamente negativo para cualquier objetivo o meta que se trace. En estas líneas no buscamos hablar precisamente de religión en su totalidad, solo buscamos recordar que nuestro mayor motor es y será siempre Dios.

La perseverancia significa insistir e insistir y nunca desistir hasta alcanzar el éxito. A lo largo de la historia grandes personajes nos han mostrado que toda lucha (utilizando el término en referencia a alcanzar un propósito, en este caso como emprendedor) debe ser de mantenerse firme, de pie en altas y bajas, esto sin duda alguna los ha consagrado como exitosos, pero primeramente por ser perseverantes. En estas líneas recordamos de forma aleatoria algunas frases de estos grandes personajes, que son de gran utilidad y motivación para todos aquellos amigos que se están iniciando como emprendedores o que ya llevan tiempo siéndolo pero que se sienten desmotivados.

"Imposible es una palabra que solo se encuentra en el diccionario de los necios" (Napoleón Bonaparte). Sin duda alguna este emperador francés tenía bien claro lo que quería y sabía que para alcanzarlo no podía dejar de persistir y seguir en pie de lucha.

"El coraje es ir de fracaso en fracaso sin pérdida de entusiasmo" (Winston S. Churchill). Muchas veces nos rendimos y decidimos no seguir adelante porque a nuestro paso nos hemos encontrado un fracaso, pero en la mayoría de los casos donde se presenta un fracaso es donde se inicia el éxito.

"No estoy desanimado porque cada intento equivocado descartado es un paso adelante" (Thomas Edison). Los ensayos y errores son los principales maestros que nos enseñan que para ser exitosos y alcanzar todo lo que se quiere se requiere de equivocarnos primeramente para luego hacerlo bien. Este gran inventor del siglo XIIIV es un perfecto exponente que para el éxito lograr primero se debe fracasar.

"Siempre parece imposible hasta que se hace" (Nelson Mandela). Muchas veces los limites los colocamos nosotros mismos cuando vemos todos los pros de un negocio, ciertamente al iniciar debemos tener muy claro los recursos con los que contamos y por ende las limitantes y esto lo hacen ver como imposible, pero también se debe tener en cuenta que los limites muchas veces son solo mentales.

"Ten siempre en cuenta que tu propia resolución de triunfar es más importante que cualquier otra cosa" (Abraham Lincoln). Si priorizamos eso que se quiere lograr y nos focalizamos en ser perseverantes en ello tendremos un gran porcentaje de lograr ese triunfo traducido en éxito y satisfacción.

Siempre es bueno buscar lecturas sobre historias motivacionales que nos inspiren y nos hagan seguir el ejemplo. La lectura es una gran herramienta que nos hará llevar un paso adelante en todo, actualmente se quiere emprender sin educarse mentalmente y prepararse, un gran error pues difícilmente se pueden superar crisis o situaciones sin saber qué hacer. A nuestros amigos lectores les hacemos la invitación a seguir en ese mundo profundo y tan bonito de la lectura, esa lectura inspiradora y motivadora que nos hace volar la imaginación. Un día más de lectura es un día más de fortalecimiento de fe y perseverancia.

TRABAJA CON PASIÓN POR LO QUE HACES

En muchas oportunidades hemos escuchado la frase "ponle amor al trabajo", y efectivamente esa frase se debería aplicar en todo lo que se hace, ponerle amor a las cosas garantiza que todo siempre resultará de la mejor manera. Cuando se trabaja por alguna necesidad y no existe esa pasión, ese sentimiento hacia nuestras labores se verá reflejado en el mejor de los casos en una eficiencia laboral más no en ese bonito amor al trabajo. Cuando esté se aplica y se convierte en un estilo de vida se crea ese crecimiento que se va a transformar en un bonito sentimiento, se utilizan todos los recursos disponibles, ya sean humanos o tecnológicos y se les saca el mayor de los provechos, siempre en pro de mejorar ese ambiente en el trabajo.

¿Cómo aplicarle amor al trabajo? Primeramente se debe estar seguro que nos encontramos en el lugar correcto y en el trabajo indicado para nosotros, donde nos sentimos a gustos y conformes, si eso es así ponerle amor al trabajo será una tarea muy fácil, primeramente debemos aprender a valorar el espacio donde nos encontramos, teniendo así la gran iniciativa de auto motivarnos y volver dicho espacio más positivo, e incluso divertido si la dinámica nos lo permite, así garantizamos que el ambiente laboral sea casi perfecto y muy productivo. Si somos personas positivas, alegres y proactivas podemos llegar a contagiar a los demás y la energía que automáticamente va a fluir será reconocida a un corto o mediano plazo, y eso también es importante.

Ahora bien, esto anterior es muy puntual y preciso cuando nos encontramos desempeñando funciones laborales dependientes, cuando es por el contrario y somos emprendedores la historia será otra, será totalmente distinta, ya que se supone que cuando se inicia un proyecto y por ende una actividad esta se hace de acuerdo a cualidades propias de cada quien, dichas cualidades son únicas, por ejemplo si se emprende un negocio relacionado a la belleza y al cuidado de la imagen; quien emprenda en este negocio debe tener talento en ello y amar lo que hace, aunado a esto, debe mostrar una imagen que vaya acorde a su negocio, y aunque parezca que esto último no tiene mucho que ver, muy por el contrario se encuentra muy relacionado ya que un especialista en belleza y cuidado de la imagen debe mostrar una presencia única e impecable que inspire confianza dentro de su negocio, como dice una frase "una buena imagen vende" y esto es muy cierto, una buena imagen que genere confianza tendrá asegurada su clientela.

Sea cual sea el rol que desempeñes hoy, ya sea en un negocio propio o en el de alguien más, procura dar lo mejor de ti, si una empresa te brindó la oportunidad de formar parte de su equipo de trabajo, aprovéchalo y mientras te encuentres allí da lo mejor de ti, ponte la camiseta, representa la organización y haz parte eso de ti, a la final el resultado positivo que allí obtengas ya sea solo o por medio de un equipo de trabajo será una referencia positiva para ti si luego quieres independizarte. Recuerda esto: "si tu trabajo no te gusta, la culpable no fue la empresa que te contrato, ellos ya tenían esa vacante y fuiste tú quien decidió aceptarla", así de simple, se agradecido y hazlo de la mejor manera y si en verdad eso no es lo tuyo pues no sigas y dale la oportunidad a alguien más que lo necesite.

CADA MINUTO CUENTA

¿Por qué es tan importante el tiempo? ¿Por qué cada minuto cuenta? Cuando somos emprendedores iniciándonos sabemos que el tiempo es un factor sumamente importante y valioso, a veces sentimos que el reloj trabaja en contra de nosotros y justo en los momentos más cruciales nos quedamos cortos de tiempo. El ser humano dentro de sus capacidades cuenta con la facilidad mental de administrar cada minuto y asignarle una actividad, todos somos capaces de hacerlo, pero no todos lo desarrollamos y es allí donde radica el problema, es allí donde sentimos que nuestro tiempo es escaso. Al iniciarnos como emprendedores debemos implementar esas estrategias que nos hagan aprovechar al máximo cada minuto, cada hora de nuestro día.

Todo emprendedor de por si debe ser administrador, debe primeramente administrar su tiempo, cuando se realiza una adecuada gestión o administración del tiempo se garantiza realizar más acciones con menos tiempo y esfuerzo. Cuando gestionamos y organizamos el tiempo a nuestro favor nos permitimos acelerar los procesos de terminación de las tareas que son asignadas, esto permite también que nuestra jornada laboral (ya sea como emprendedor o dependiente) se aproveche mejor y sea mucho más efectiva y productiva. Una de las claves para alcanzar el éxito o el cumplimiento de las metas y objetivos es saber organizar y distribuir ese dichoso tiempo, saberlo controlar va de la mano con saberlo utilizar y ubicarlo justo a donde pertenece y es necesario que esté.

El no saber utilizar el tiempo puede generar ciertas cosas negativas que van a influir en nuestra contra, por ejemplo; el mal gastar el tiempo genera que aparezca en nosotros esa sensación de estar agobiados, esto ocurre al no poder completar alguna labor o tarea por falta de tiempo, pero recordemos que el mismo día contiene las mismas cantidad de horas siempre, y aunque a veces usemos la frase "no me alcanza el tiempo" o "tuve poco tiempo" es simplemente por falta de planificación de qué hacer con el mismo, hay acciones que son necesarias realizar y van enfocadas a la toma de decisiones y con ello al priorizar y al pasar a un segundo plano. El ser humano se encuentra en la total capacidad de tomar decisiones como se mencionó anteriormente, pero es allí lo difícil, saber qué hacer, la finalidad de estas líneas es buscar una reflexión en aquellos que la necesitan, que en su mayoría son emprendedores, soñadores, personas con metas y objetivos por cumplir, focalicen cada minuto de su tiempo en esa tarea que es primordial realizar, así luego se verá el resultado positivo, y nunca olviden que cuando el tiempo parezca escaso; cada minuto cuenta.

EL AMOR AL TRABAJO

Reflexionemos acerca de nuestro entorno laboral, ¿Te sientes feliz con el trabajo que tienes?, ¿Sientes que estás enamorado de tu trabajo? Pues si ambas respuestas son un Sí, entonces déjame decirte que estas en el lugar indicado, pero si por lo contrario la respuesta es No, te aconsejo que cambies de trabajo pues obviamente no estás en el lugar que debes estar para sentirte bien. En varias ocasiones ya hemos hecho referencia sobre lo importante e indispensable que es amar lo que se hace, y una vez más nos concentramos en eso porque en definitiva esa es una gran falla que existe en su mayoría en los empleados y se puede ver reflejado tanto en los resultados no muy productivos y en la atención de dichos empleados hacia el cliente, que es la razón principal de cualquier negocio.

Podemos dividir el amor al trabajo en dos partes, primero el amor al trabajo siendo independiente o emprendedor y segundo el amor al trabajo formando parte de alguna empresa, en ambas situaciones el fin debe ser siempre el mismo, ya que todo lo que se haga dentro de este ámbito y en general debe hacerse con amor para que el resultado final sea el mejor. El amor en general es sinónimo de felicidad, alegría y satisfacción, si extrapolamos estos tres elementos y lo llevamos al ámbito del trabajo estaremos garantizando una gran satisfacción tanto para la empresa y el cliente quien es la razón de ser. Ciertamente la mentalidad del emprendedor no es la misma del empleado dependiente, pero su actitud si debe ser la misma en ambas situaciones.

Sea cual sea el cargo, jerarquía o posición de un empleado o emprendedor aplica de la misma forma, si eres director o gerente de una empresa y no sientes esa pasión al desarrollar tu labor no reflejaras ese espíritu de líder, motivador e influyente hacia los demás, si por lo contrario el papel que juegas dentro de tu entorno laboral no es de gran jerarquía o responsabilidad también reflejaras deficiencia si lo que haces es simplemente por obligación. Existe algo llamado desamor laboral y al igual que el sentimental aplica, pero hacia nuestro trabajo, eso se nota cuando se desarrolla una actividad con desanimo e inconformidad y lógicamente lo que se verá reflejado será fatal, mediocre y sin presentación alguna. Dentro de la vida diaria se mostrarán factores que nos volverán muy cambiantes y de seguro esto tendrá impacto en todos los aspectos, lo importante es no dejar que dichos factores se crucen y se interfiera lo personal con lo laboral, es decir; que el trabajo interfiera con lo personal o viceversa.

    Amigo que te encuentras sumergido en estas líneas, en esta lectura motivadora, te invitamos una vez más a seguir adelante en lo que te has propuesto, te invitamos a que te enamores de aquello que estés haciendo, sea tu proyecto personal, grupal, o para alguna empresa, el amor es esa clave para que el éxito llegue con más facilidad, el amor por lo que haces te va a garantizar el convertirte en esa persona llena de satisfacciones pues lo que hagas se va a convertir en un hábito saludable para ti ya que te regalara emociones, alegría y mucha felicidad.

MARCANDO LA DIFERENCIA

Siempre debes marcar la diferencia. Muchas han sido las veces que hemos escuchado mencionar esa frase. Pero ¿sabemos realmente que es marcar la diferencia?, inicialmente dicha frase o expresión es proveniente de Europa, específicamente de Francia e Inglaterra y quiere decir "ser diferente, distinguirse o destacarse", ahora bien; estos últimos tres términos se auto relacionan entre sí y lo explicamos de la siguiente forma: cuando una persona es diferente por cualquier circunstancia, situación o propósito puede destacarse y distinguirse entre los demás. Pero destacarse o distinguirse entre los demás no es motivo para sentirse superior, cada persona dentro de la sociedad juega un papel importante y único dentro del contexto donde se encuentre.

En estas líneas compartimos una frase que dice así: ..."cada uno de nosotros podemos contribuir a crear un mundo mejor y hacer una diferencia de una forma única y especial"... Con relación a dicha frase y a través de esta lectura buscamos inspirar y motivar, ser un trampolín que animé a las personas y seguirlos motivando a realizar cosas que desde cualquier ámbito marquen la diferencia, que aporten ese granito de arena para crear un mundo mejor. Y, ¿qué podemos hacer para crear un mundo mejor? La respuesta es más fácil de lo que parece, podemos empezar por realizar buenas acciones que estén a tu alcance sin esperar recibir nada a cambio, solo la satisfacción de saber que se hizo lo correcto, no importa donde lo hagas lo importante es que lo hagas, primeramente, haz un cambio interno, en ti y ese cambio llegara a quienes te rodean.

El día de ser diferente y por ende marcar la diferencia es hoy, inicia hoy y en el mañana lo veras reflejado. La Madre Teresa de Calcuta decía: "Si no puedes alimentar a cien personas entonces alimenta a solo una", y aquí hacemos referencia precisamente a lo que se puede hacer, es lógicamente cierto que muy probablemente una persona con una pequeña buena acción no va a cambiar el mundo de forma inmediata, lo que si puedes hacer es iniciar grandes cambios con esa pequeña acción, grandes cambios que a simple vista son poco papables pero que si salen del corazón dejaran grandes satisfacciones. La humanidad, el mundo entero necesitan de muchas personas que marquen la diferencia con pequeños gestos que se trasformen en grandes resultados. Recuerda esto: si haces pequeñas tareas y las haces con amor podrás lograr grandes cosas buenas para el mundo.

En la actualidad el individualismo, el pensar en sí mismo y ver todo como una gran competencia están desangrando el mundo. Las personas han perdido el sentido de ayudar al prójimo, el afecto hacia las cosas materiales está por encima de lo que realmente es importante. No existe nada más satisfactorio que hacer algo que amas mientras desarrollas ese talento que Dios te dio, y si en el hacer eso que amas puedes ayudar a otros esa satisfacción será aún más grande.

APARTA DE TI LO QUE NO TE SIRVE

¿Qué hacemos cuando algo no nos funciona? Ya sea en nuestra vida diaria, laboral o personal lo mejor es apartar lo que ya no nos funciona, lo que ya no nos sirve, no con esto queremos decir o hacer sentir que podemos desechar a las personas, o mirar a las personas como objetos utilizables y desechables, porque no es así, simplemente debemos aprender a dejar dentro de nuestro entorno todo aquello que es realmente necesario e importante para nuestras vidas, con esto lograremos al final obtener un equilibrio entre lo positivo y lo negativo, entre lo que nos hace bien y lo que no, entre lo que nos puede estar asfixiando y lo que nos da ese aire para respirar. Hablaremos un poco precisamente sobre lo que si debe quedarse y lo que debemos alejar de nosotros, en nuestra vida personal y laboral, y así poder generar ese mejor ambiente para nosotros.

Empecemos por hacer una clasificación, en este sentido, apartaremos nuestra vida personal de nuestra vida laboral ya que es justo y necesario porque si no sabemos dirigir y dividir las situaciones habrá un cruce negativo y se verá reflejado en los resultados que muchas veces no son nada favorables.

En nuestra vida personal debemos clasificar a las personas positivas y las negativas, a las situaciones que nos han generado bien y a las que no, y obviamente apartar de nosotros todo aquello que nos hizo o nos hace daño. En el ámbito de nuestra vida laboral debemos aplicar una técnica muy similar a la anterior, es decir, a la de nuestra vida personal, si en nuestro ambiente de trabajo nos toca por obligación compartir diálogos o espacios con personas negativas lo mejor es mantenernos al margen y cuidar bien lo que hacemos o decimos, así mismo, si se han presentado situaciones un tanto incomodas lo más recomendable es no tomarles importancia y verlas como un mal episodio que ya paso.

En muchos momentos de nuestras vidas debemos hacer un reinicio mental, dicho reinicio mental es con el fin de aclarar nuestra mente y nuestros pensamientos, de colocar en el tiempo y en el espacio preciso cada una de esas cosas que influyen en nuestros quehaceres diarios. El ser humano de por si es débil y habrán más de una oportunidad donde dicha debilidad pasara factura y le afectara, es por ello por lo que al apartar de nosotros todo aquello que ya no nos sirve o que no nos funciona nos estamos haciendo un favor, y muchas veces pudiera verse esto como ser egoísta o pensar solamente en nosotros, pero realmente no es así, pero ¿Por qué no es así? La respuesta es muy sencilla; podemos hacer cien cosas buenas pero si en una de esas cosas nos equivocamos o decimos "no puedo" ya automáticamente somos malos, y tristemente la realidad es así, por eso siempre debemos pensar primero en nuestro bienestar personal, luego de sentirnos y estar bien allí si podemos generar bienestar a los demás, y nuevamente hacemos énfasis en que "pudiera verse esto como algo egoísta", pero no es así, ya que para hacer sentir bien a otra u otras personas primero debemos estar bien nosotros mismos, así de simple.

LA SUMA DE LA FELICIDAD

¿Hoy te sientes feliz?, ¿Te apasiona tu trabajo? Que fácil o difícil puede ser responder eso. Ser feliz es sentirse bien, satisfecho y realizado con lo mucho o poco que se tiene. La suma de la felicidad hace relación precisamente a eso, para muchos el tener dinero o bienes materiales hace parte de la felicidad y muchos son felices así y es válido ya que cada uno maneja una forma diferente de ver y vivir las cosas. Ser feliz puede depender realmente de muchas cosas, de muchos aspectos, de muchas situaciones vividas y por vivir. Nuestra infancia puede marcarnos y puede incidir en nuestra felicidad presente o nuestra felicidad futura, nuestros logros y metas cumplidas también juegan un papel muy importante, explicamos; si en nuestra niñez vivimos situaciones de alegría obviamente nuestra adolescencia y nuestra vida adulta va a reflejar felicidad, así mismo, si a lo largo de las diferentes etapas que vamos viviendo se cumplen nuestras metas, proyectos y objetivos también reflejaremos felicidad.

Para ti querido amigo y querida amiga buscamos reflexionar y contribuir a que descubras si eres feliz, si en ti se irradia esa sensación única que puede contagiar a los demás. A veces el tiempo se nos pasa y no nos damos cuenta, a veces creemos que el "después" siempre estará allí y es un error fatal porque el tiempo no se devuelve. Es necesario hacerse estas interrogantes ¿Eres feliz en tu trabajo, en tu entorno, con las personas que te rodean? Si lo eres te felicito y te deseo el mejor de los éxitos, si no lo eres te invito a serlo, aunque parezca muy difícil no lo es, si en tu trabajo no eres feliz trata de cambiarlo por uno que si te guste y si no puedes hacerlo intenta dar lo mejor de ti y sé el mejor en lo que hagas. Si en tu entorno y con las personas que te rodean no te sientes bien lo mejor es buscar un nuevo ambiente, un nuevo lugar y aprender de lo nuevo que estés viviendo.

¿La felicidad se puede medir? Esto realmente es relativo, ya que lo que a alguien hace feliz para otro puede no significar nada, y en esto hacemos referencia a cosas materiales y no materiales, por ejemplo; para algunas personas viajar, compartir con otras personas, poseer activos materiales les genera felicidad, en ese sentido pudiera decirse que dicha felicidad es material ya que para que eso se cumpla debe existir un elemento llamado dinero. De igual forma para otras personas la felicidad radica simplemente con el hecho de sentirse bien con lo poco que pueden llegar a tener, es decir; sin necesidad de viajar, y solo con el simple hecho de vivir ciertos momentos ya son felices. Queremos reiterar que la suma de la felicidad no siempre va a depender del tener más que otra persona, ser feliz es celebrar la vida, celebrar cada día como si fuera el último, así de simple, concéntrate en disfrutar al lado de las personas que llenen tu vida de cosas positivas y generen en ti eso tan bonito llamado felicidad.

SIN PERDER LAS ESPERANZAS

¿Cuántas veces hemos sentido que perdemos las esperanzas? ¿Cuántas veces pensamos y sentimos que nada de lo que hacemos vale la pena? Ambas interrogantes son más comunes de lo que creemos y pensamos, podemos hacer parte de situaciones difíciles y que nos afectan mucho, muchísimo, pero jamás debemos perder las esperanzas. Existe una frase muy citada y antigua que reza: "las esperanzas son las últimas que se pierden" y tiene como significado dar consuelo o motivar aun cuando aparentemente no hay nada que hacer o todo está perdido. Existen muchas formas de motivarnos o automotivarnos, en cualquiera de los casos depende mucho de nosotros ya que si en el fondo de nuestro ser, de nuestro pensamiento, no existen esas ganas y ese deseo quedaremos allí en la orilla a punto de caer a ese precipicio.

En más de una ocasión aparecerán en nuestro camino eso que hoy llamamos "los actores que te colocan piedras en el camino", esos actores y esas piedras en el camino son pruebas que soportar y obstáculos que superar, nada que no se pueda lograr. Los soñadores cuando quieren ver materializados sus sueños no se la ven fácil, en más de una oportunidad sienten que todo está perdido, que no pueden seguir, pero es allí cuando recuerdan que si quieren cumplir sus sueños no pueden estar en una situación donde sientan que han perdido sus esperanzas. Tanto los soñadores como los emprendedores cuentan con algo en común y es ese motor interno que desde el momento que se enciende no se detiene hasta alcanzar todo lo propuesto, todos en algún momento somos soñadores y emprendedores, sin darnos cuenta tenemos sueños y sentimos en algún momento que no pueden cumplirse, pero existe algo dentro de nosotros que nos impulsa a seguir hasta cumplirlos.

Una vez más a través de estas líneas queremos motivarte, queremos animarte a que no te rindas, sea cual sea ese proyecto, ese objetivo, esa meta por cumplir, no te rindas. A lo largo de esta lectura nutrida damos ese apoyo que muchas veces es tan necesario e indispensable, algunas personas manejan dentro de sí algo que nosotros llamamos "el ciclo motivacional" dicho ciclo básicamente consta de auto recargarnos de esa energía que podemos traducirla también como la fuerza de voluntad que nunca debe faltar. Siempre, absolutamente siempre debe existir dentro de nosotros esas ganas, esa gran fuerza emocional y espiritual que nos de esa fortaleza cuando se requiera. De los días no tan buenos se obtiene el gran aprendizaje que se aplicara en esos días buenos para que se conviertan en los mejores. El emprendimiento va de la mano con mantener esas esperanzas de alcanzar ese tan anhelado éxito. Por eso el mayor pensamiento debe centrarse en seguir y seguir sin perder las esperanzas.

¿QUÉ HAZ ECHO HOY POR EL PLANETA?

En este apartado de este gran trabajo que hemos desarrollado nos preguntamos ¿Qué haz echo por el planeta?, quizás haz de pensar que estas líneas se salen un poco de los temas acostumbrados sobre motivación y emprendimiento, y sí, efectivamente así es, dedicaremos nuestro tiempo y nuestra atención a hacer un gran llamado a la conciencia, a la sensatez. Con estas líneas buscamos enaltecer, resaltar y agradecer el trabajo de todas esas personas que día a día aportan ese granito de arena para cuidar y mantener de la mejor manera a nuestro planeta, nos referimos a esos héroes anónimos que con el simple hecho de llevar la basura en su morral y depositarla en su respectivo sitio de reciclaje o desecho ya están haciendo algo muy positivo por nuestro gran y contaminado planeta. Pero de igual forma nos referimos a esos héroes formales que pertenecen a organizaciones con fines ambientales para el cuidado de nuestra tierra, para todos ustedes un gran aplauso.

Existen diversas formas desde nuestro entorno de iniciar un cambio, de iniciar ese proceso de construcción de una mejor sociedad, de esa sociedad futurista con miras al cuidado ambiental de nuestra más preciada nave espacial, la tierra. Iniciar dicho cambio es muy fácil y debemos implementarlo como un hábito diario de nuestras vidas, de hacerlo así el impacto negativo que sufre a diario nuestro planeta disminuirá significativamente. Es realmente triste, doloroso ver en documentales, en noticias, en videos aficionados, el alto nivel de contaminación de playas, ríos, mares, océanos, eso sin contar la contaminación que a diario vemos en la calle, y eso es producido por nosotros mismos, lamentablemente así es. Creemos grandemente que es un deber moral y ético de los emprendedores, futuros empresarios de hacer grandes aportes para el cuidado ambiental, no nos referimos a realizar millonarias inversiones de dinero, no precisamente, sino de mantener la voluntad y las ganas de retribuir un poco el beneficio que se está teniendo.

Te preguntaras ¿Qué puedo hacer para cuidar nuestro planeta? Es más sencillo de lo que piensas, empieza por cambiar tus hábitos personales, sí, tus hábitos personales, desde tu casa y de allí enséñale a los demás a hacerlo. Si bien como se mencionó en líneas anteriores, si vas en la calle y no hay donde depositar la basura, no la botes en la calle, llévala contigo y luego deposítala, es sencillo. Ahora bien,

¿Como hacerlo desde nuestra casa? Desde nuestra casa es aún más fácil, aprendamos a reciclar, a colocar lo que se puede reutilizar en una parte y lo no reutilizable en otra, seleccionemos. Es fácil, no contaminamos. Por otra parte, a muchos de nosotros nos encanta ir a sitios de distracción, lugares públicos y aunque en muchos de ellos debería haber sitios específicos para colocar la basura ya seleccionada, pues no los hay, de hecho, hay sitios donde ni siquiera están habilitados para colocar la basura, es allí donde nosotros jugamos un papel fundamental y eso lo hacemos al no dejar la basura tirada.

Nuestro planeta se encuentra actualmente muy contaminado, en destrucción masiva gracias a la contaminación, es nuestro deber moral hacer algo para frenar esa destrucción masiva, por eso te invitamos amigo y amiga a hacer algo por el planeta, a cuidarlo. Desde donde te encuentres, desde tu espacio, es sencillo.

DESECHANDO OBSTÁCULOS

Desechando obstáculos. Sí, así se titula esta parte de nuestro trabajo donde nos centraremos fundamentalmente en esa etapa de nuestra vida donde nos toca hacer esa "limpieza" y apartar esas cosas que se convierten precisamente en "obstáculos" para nuestros planes y propósitos. Los obstáculos son todas aquellas situaciones, circunstancias e incluso algunas personas que nos impiden avanzar hacia algo, esos son obstáculos, muchas veces a simple vista no los apreciamos, pero allí están muy presentes y aunque parezca difícil debemos apartarlos, desecharlos de nuestra vida, de no hacerlo tarde o temprano pasarán de ser un obstáculo y se convertirán en un problema, quizá muy pequeño o insignificante al inicio, pero luego crecerá hasta hacerse más difícil de eliminar.

Cuando los obstáculos se representan en "situaciones" el desecharlos no resulta muy difícil, pues si bien es cierto las situaciones son temporales, pasajeras y momentáneas, es decir, no duran para siempre. Existe un famoso refrán que dice "no hay mal que cien años dure", por tanto, las malas situaciones que son temporales es importante desecharlas y pasar la página, así mismo debemos verlas como un mal día, un mal día que hay que olvidar. Dentro de los procesos de nuestra vida diaria encontraremos diferentes tiempos en el mismo espacio, nosotros somos los responsables de escribir nuestra propia historia y de plasmar así en el libro de los recuerdos que ayer fueron un futuro, que hoy son un presente y que mañana serán un pasado.

Pero si es el caso y aparecen esas "circunstancias" que se tornan como negativas o de nubes grises debemos recordar que antes de llover casi siempre aparecen esas nubes grises como anticipo de la lluvia, cuando las circunstancias se vuelven cómplices de los momentos difíciles podemos pensar o sentir que las cosas no están bien, que algo está fallando y eso es producto de muchos factores que inciden y se auto relacionan, es allí cuando en ocasiones aparecen "algunas personas" que no son para nada adecuadas tenerlas en nuestras vidas . Si bien es cierto que los límites son mentales, nuestra mente debe estar sana y liberada de pensamientos que pueden saturarnos y hacer todo más difícil. Una mente sana ayuda a que el cuerpo se encuentre sano y por ende nuestra vida sea sana, te invito querido amigo, querida amiga que lees estas líneas a que hagas una limpieza en tu vida, una limpieza profunda, espiritual y que llegue al alma y al corazón, al principio será difícil e inclusive te dolerá, pero luego cuando observes ese gran cambio entenderás que valió la pena desechar obstáculos.

EL CUERPO ATRAE LO QUE LA MENTE QUIERE

El cuerpo atraerá siempre lo que la mente piense, la mente es ese motor muy poderoso con el que cuenta el ser humano y que puede influir tanto interna como externamente, es decir; puede afectar o mejorar nuestra salud (todo depende como influya), así mismo, la mente puede generar situaciones favorables en nuestro entorno o por el contrario desfavorables (todo dependiendo de con que óptica se mire). Si cuando te levantas agradeces a Dios por un día más de vida y colocas todo en sus manos de seguro tú día será exitoso, cuando dirigimos nuestras energías y las focalizamos en el logro de "algo" todo genera una complicidad para que ese "algo" se concrete. Es bien importante tener en cuenta que lo primordial es creer y creer firmemente, cuando la creencia es grande y muy fuerte se desarrolla un vínculo entre el "yo puedo y el yo quiero" y es ese vínculo que facilitara en gran manera el atraer lo que se quiere.

Aprende a creer y así aprenderás a crear y lograr todo. Más allá de verse como pedir un deseo acá hacemos referencia precisamente al enfoque de mentalizarnos en ese lado positivo y optimista que todos tenemos pero que pocos desarrollamos, nuestros más sinceros y profundos sentimientos terminaran manifestándose y materializándose si se lo inculcamos y ordenamos a nuestra mente. Cuando deseamos a profundidad y a plenitud las cosas es más fácil que estas se concreten, aunque parezcamos ingenuos o soñadores no es así, pero sin embargo debemos tener presente que van a incidir ciertos factores, debemos mantener la realidad y no pensar que podemos lograr cosas que son significativamente imposibles ante el ojo humano porque sencillamente no sucederá, por ejemplo: si imaginas que puedes ser invisible y lo sueñas, obviamente esto no sucederá ya que sus alcances van más allá de la lógica, podemos creer y sentir que somos invisibles pero al mirarnos al espejo comprobaremos que no es así.

Transformemos nuestra mente en una mente positiva y por ello en poderosa. En la actualidad y producto de todo lo que le está ocurriendo a la humanidad tendemos a mostrarnos negativos, a pensar que nada se lograra e incluso ponemos trabas donde no las hay. Un pensamiento positivo puede viajar de un lugar a otro y generar grandes caminos de luz en nuestras vidas y es precisamente allí en ese proceso de transformación donde ocurren dichos cambios para bien, recalcamos una vez más: "nuestra mente debe tener pensamientos positivos" a fin de generar esa confianza en nosotros mismos inicialmente, ¿Por qué? Porque cuando somos generadores de confianza atraemos todo aquellos que queremos. Piensa en positivo, ten la fe y la confianza que todo aquello que te propondrás vas a obtener y veraz como el universo será tu cómplice. Nunca dejes de creer. Recuerda siempre que el cuerpo atrae lo que la mente quiere.

EL MAÑANA LO ESCRIBES TÚ

En más de una oportunidad hemos escuchado decir que "nosotros somos los responsables de escribir nuestro camino" o que "el destino ya está escrito", en ambas referencias se encuentran presentes nuestras acciones y lo que hagamos a diario. Si vivimos a un ritmo donde le damos prioridad a ciertas cosas sobre otras pues obviamente obtendremos como resultado aquello que deseamos o por el contrario lo que no nos gusta. Ser responsables va de la mano con lograr lo que se quiere, y ser responsable va más allá de ser un valor individual de cada persona, son precisamente nuestros actos y nuestras acciones los que trazan esa línea de participación de un presente-futuro, depende mucho, muchísimo, de todas las decisiones que tomemos, si nos afanamos en la adquisición de metas, proyectos personales o cualquier referente a ello y no sobrellevamos cada etapa de nuestra vida difícilmente vamos a conseguir lo deseado, más bien encontraremos en nuestro andar los problemas, que nunca faltan pero apresuraremos su aparición.

Podemos transformar cualquier problema en una oportunidad, solo si sabemos elegir constantemente todo esto es posible. Nos encontramos en un ensayo y error donde cada día absorbemos aprendizajes y aunque podemos equivocarnos la idea precisamente es esa, aprender y seguir adelante. Todos somos seres que llegamos a este mundo en el cual marcaremos nuestra trayectoria, unos pueden destacarse más que otros y sobresalir y eso depende totalmente de nuestro esfuerzo, de nuestra constancia, de nuestra perseverancia. Si soñamos despiertos con ser grandes deportistas podemos ser grandes deportistas, Pero ¿de qué depende? Depende de los hábitos que adoptemos desde nuestra temprana edad y eso hace referencia precisamente a la responsabilidad con nosotros mismos, allí entra algo llamado "disciplina", que debemos hacerla parte de nuestra vida. Por ejemplo: levantarnos temprano y entrenar, iniciar y mantener una rutina de buena alimentación (si el caso es ser un gran deportista). Este es un pequeño ejemplo que aplica a todo lo global de nuestra vida, la disciplina.

No tenemos una pluma, tinta y un papel para escribir a detalle lo que mañana pasará, sin embargo, tenemos en nuestras manos las opciones de generar ideas y aplicarlas en ese plano terrenal donde a diario intervenimos, nos referimos a nuestra vida. Hoy tenemos la posibilidad de escribir nuestro futuro, hoy podemos a través de nuestras facultades y potencialidades hacer ese "algo" que va a definir todo nuestro porvenir. Si queremos ser personas de bien, formar un hogar, alcanzar esas tan anheladas metas y sueños hoy es el momento ideal para empezar a escribir nuestro mañana. Recuerda querido amigo y querida amiga que las líneas de nuestro diario personal son escritas única y exclusivamente por nosotros y si hoy te equivocas, haz borrón y cuenta nueva y empieza de nuevo.

SI NO HAY CAMINO, HAZ TÚ EL CAMINO

Si no es posible encontrar nuestro camino, entonces debemos crearlo. Si bien es cierto muchas opiniones concuerdan en que ya todos tenemos escrito nuestro destino, otras muy por el contrario afirman que nuestro destino depende casi en totalidad de nosotros mismos. En continuidad con nuestro propósito de apoyar el emprendimiento a través de estas líneas fomentamos una vez más precisamente esa motivación que nunca debe faltar. Cuando mencionamos "hacer nuestro propio camino" nos referimos precisamente a nuestra "actitud", a esa "actitud positiva" que debe ir de la mano con el agradecimiento, si eres agradecido mantendrás siempre las puertas abiertas e incluso veras como cada día otras se abrirán.

Ustedes queridos amigos pueden lograr grandes cosas y labrar nuevos y maravillosos caminos donde resulten muy beneficiados, pero lo realmente difícil en ocasiones es mantener todo eso a su favor, un ejemplo claro es cuando un negocio logra mantener sus clientes, tener esa fidelidad muchas veces no es tan fácil, para ello inciden muchos factores como: el buen trato o la atención única y especial. Lo mismo pasa con las oportunidades o las personas que en algún momento determinado nos apoyan o nos ofrecen ese impulso que logra en nosotros ese "algo", la clave de mantenerlo es ser agradecidos, parece simple y en cierta forma lo es y decimos "en cierta forma" porque en ocasiones las personas tienden a cambiar y no precisamente para bien, y es en ese cambio donde olvidan quienes estuvieron allí en el momento justo, en ese momento de dificultad donde pocos aparecen.

Hacer nuestro camino puede ser dificultoso y lleno de muchos tropiezos. Si bien es cierto somos una creación de Dios y el universo, también somos creadores de grandes cosas, en nuestro andar se encuentra ese carril por donde transita nuestro tren, ese tren que lleva diferentes vías y caminos, caminos oscuros y otros cargados de luminosidad, y todo va a depender siempre de las decisiones y acciones, así como de nuestra forma de ser (y nos referimos precisamente al cómo somos con los demás). Aunque suene algo supersticioso, constantemente recibimos todo aquello que damos, y es ley de vida obtener un poco de lo que damos, si damos bendiciones por consiguiente debemos recibir bendiciones, mientras que si nuestras acciones no son las mejores es más que seguro que en algún momento de nuestra existencia se nos pasará factura. Es muy probable que no encontremos un camino y si es así es nuestro deber hacerlo. Somos esos escritores, nuestros escritores personales y es nuestro deber moral y divino hacer las cosas bien, no realizar acciones que puedan dañar a terceros, puede resultar fácil para algunos y difícil para otros, lo que vale la pena es precisamente eso, hacer nuestro propio camino.

PLANIFICA TUS OBJETIVOS, METAS Y SUEÑOS

Planificar es estructurar acciones que luego en un determinado tiempo se llevaran a cabo, mediante procesos y ciertos pasos cumpliendo una serie de parámetros. Sí, eso es planificar, Pero ¿Porque debemos planificar nuestros objetivos, metas y sueños? La respuesta es simple: porque cuando nos planteamos todo eso aunado a una planificación es más fácil poder percibir si estamos avanzando o no en todo aquello que anhelamos o que hemos venido anhelando desde nuestra infancia. Nuestros sueños y metas pueden generarse incluso desde niños y aunque en el momento no tengamos bien claro eso que queremos sí mantenemos una idea y nos aferramos a ella de forma tan fuerte y a veces radical que pudiera parecer muy apresurado, pero no lo es, pues han sido varios los casos donde esos sueños prematuros son cumplidos.

Inicialmente antes estructurar y avanzar con nuestra planificación de objetivos metas y sueños debemos priorizar esas cosas que queremos conseguir primero, esto nos permitirá esquematizar mediante una lista y así asignar tiempo y recursos de acuerdo con nuestro orden de prioridades. El planificar puede garantizarnos desde un inicio un porcentaje de efectividad y logro de eso que tanto queremos ya que podemos medir el resultado positivo que se va alcanzando. Es importante para ello realizar una división y colocar cada línea de acción de forma independiente (nos referimos a dividir los objetivos, metas y sueños) ya que cada uno de ellos puede tener una manera distinta de estructurarse, desarrollarse y necesitar recursos para el mismo.

Una vez tomada la iniciativa y enfocados ya en nuestra planificación tanto de objetivos metas y sueños debemos organizarlos en tres grupos (corto plazo, mediano plazo y largo plazo) esto con el fin de determinar a cuál podemos llegar primero, claro está que hay tanto objetivos, metas y sueños que sin darnos cuenta y por diferentes circunstancias terminamos desarrollando en nuestras primeras etapas de nuestra vida. Para las personas en su mayoría son objetivos y metas estudiar, realizarse como profesionales, crecer intelectualmente y lograr una estabilidad laboral (esos objetivos y metas se van evidenciando incluso desde nuestra llegada a la universidad). Por otra parte, muchos perciben como sueños lograr una estabilidad emocional, conseguir una pareja y formar una familia (estos sueños pueden ser un poco más complejos de realizarse y más tardíos ya que para ser alcanzados se requiere una serie de factores, entre ellos la estabilidad económica). En conclusión, querido amigo y querida amiga que te encuentras leyendo estas líneas, la recomendación que hacemos es que aprendas a planificarte en cada uno de tus pasos, eso te ayudara a que todo sea más posible de alcanzar.

TU POTENCIAL ES MUY GRANDE

Muchas son las veces que ponemos en duda nuestro potencial, nos dejamos llevar por los comentarios de otras personas y desconfiamos de lo que somos capaces de hacer, dudamos de nosotros mismos y equivocadamente nos quedamos allí sin avanzar, y ¿De quién es la culpa?, la culpa es de nosotros mismos porque no confiamos en nuestras habilidades, en ocasiones esas habilidades son enormes. En la actualidad el mundo se está moviendo de una forma muy acelerada con desafíos y transformaciones diarias que pueden ser dificultosas si no nos ponemos a la par y no nos actualizamos constantemente, por ello debemos avanzar en nuestro crecimiento, desarrollo y plan de acción diario que nos permita explotar lo mejor de nosotros y demostrar así un buen desempeño.

Asumir desafíos es un gran método de probarnos a nosotros mismos de que estamos hechos, de que somos capaces y hasta donde podemos lograr nuestros objetivos. Si formamos parte de alguna organización (donde siempre nos miden por resultados o productividad) o si por el contrario somos independientes y lideramos nuestro propio emprendimiento, de igual forma debemos contar con esa energía que nos permita ir escalando dentro del mundo de los resultados positivos. Cuando decidimos focalizarnos dentro de los parámetros de la productividad debemos tener muy en claro y ver cada situación como un reto asumido y por cumplir, y precisamente dentro de dichos retos figura la capacidad de crear o innovar para así resaltar y hacernos ver que poseemos esa actitud diferente, con cualidades de crecimiento propio y por ende de crecimiento para con los demás.

Sin duda alguna, cada persona cuenta con capacidades únicas y que si se saben aprovechar pueden convertirse en un gran potencial utilizable, pero debemos estar claros que aún y cuando contemos con un gran potencial sino sabemos trabajarlo de nada servirá, debemos auto proporcionarnos esas tan necesarias herramientas de autoayuda y valorizar eso con que ya contamos. Si explotamos nuestro potencial obtendremos sin duda alguna, excelentes resultados. Hoy debemos mirarnos en ese espejo de los escalones por subir, mirar atrás y observar que ya llevamos un escalón más alto y enfocarnos en seguir subiendo, o en el peor de los casos en mantenernos, pero nunca en retroceder y dependerá siempre de nosotros primeramente avanzar y mostrar ante el mundo eso que tenemos, que nos hace únicos y especiales. Dentro de nuestro ser siempre existirán fuentes generadoras de energía que al materializarlas serán sencillamente puntos a nuestro favor en nuestra lucha por surgir y salir a delante.

EL PRIVILEGIO DE ESTAR VIVO

Nacer es un privilegio, tener vida y salud es una gran bendición que Dios y la vida misma nos da. Hoy tenemos el privilegio de estar vivos, tenemos el privilegio de poder respirar, de poder apreciar tantas cosas bellas y maravillosas que el universo nos obsequia. Hoy podrás estar pasando por alguna situación dura o difícil, pero no te ahogues o te sientas cabizbajo por eso ya que nada es eterno y mucho menos los momentos no tan buenos, si te sientes mal por algo y quieres llorar llora, desahógate y drena eso que te está asfixiando. Hoy, justo en este preciso momento hay muchas personas que están en un hospital, en una sala de cuidados intensivos luchando por sobrevivir, respirando quizá su último aliento. Cada persona desde su entorno tiene problemas y enfrenta dificultades, iguales o peores, cada uno se encuentra librando su propia batalla en este difícil terreno llamado vida.

Siempre existirá ese lado positivo y ese lado negativo de las cosas pues desde cada punto de vista todo tiene dos caras como una moneda, y es allí donde podemos sentirnos bien o mal. ¿Qué es lo primero que haces cada día al despertarte?, si lo primero que haces es agradecer por el hecho de un nuevo día, por poder respirar, por estar vivo, déjame decirte que esa es la clave para estar en paz, para tener tranquilidad y así lograr todo lo que te propongas, ya que el universo da parte de lo que recibe y si recibe agradecimiento dará motivos para que agradezcas. Cuando aprendemos a dominar a nuestro favor ese privilegio que nos da la vida y lo aprovechamos (y al aprovecharlo nos referimos a ser mejores personas, a conectarnos con ese "yo" interior que nos hace meditar y por ende sentirnos felices).

Nacemos para morir, es una realidad, pero de nosotros depende que cada día valga la pena. Hacer que cada día valga la pena es simplemente disfrutar a plenitud eso que hagas, sea lo que sea, y como hemos dicho en oportunidades anteriores: "sin hacerle daño ni perjudicar a nadie", muchos se sienten bien y felices simplemente disfrutando de un café por las mañanas en compañía de su pareja, de sus hijos o de ese ser especial e importante. Otros se sienten bien viajando y conociendo lugares diferentes, aprendiendo culturas, conociendo personas. La vida no siempre se nos presentará de color rosa, no siempre todo será fácil, pero recuerda que si estas vivo ya es un regalo. Sea cual sea ese motivo que te genere esa sensación de ser y sentirte feliz se agradecido, agradécele a la vida por tener la dicha y ese gran privilegio de estar vivo.

LAS CADENAS QUE TE ATAN

¿Qué te impide ser feliz?, ¿Qué te impide cumplir tus metas? Muchas veces existen cadenas que nos atan a un estilo de vida nada favorable, nos encerramos en ese espacio oscuro sin salida y vemos cómo pasa el tiempo y nosotros allí, estáticos. Eso puede pasar debido a muchos factores, uno de ellos puede ser por algún acontecimiento de nuestro pasado que nos marcó y no hemos sabido cómo salir de allí, es difícil si tenemos secuelas y miedos a que nada sea posible. En estas líneas presentamos recomendaciones que si deciden seguirlas les serán de mucha ayuda en esa situación que les puede estar sucediendo, muchas personas callan y se guardan esos sentimientos tristes, y cuando esto sucede todo se vuelve más difícil de resolver.

Primeramente, debemos identificar cuáles son esas cadenas que nos atan o que nos mantienen dentro de ese círculo o ese espacio improductivo, tomaremos como ejemplo las siguientes:

-Algún acontecimiento del pasado; cuando no logramos superar algo sucedido en el pasado

siempre estará con nosotros en nuestro presente y nuestro futuro, nos acompañará a donde quiera que estemos y será como esa sombra que nos arropa y no nos deja estar bien. Lo recomendable es cerrar ese ciclo y seguir adelante sin permitir que ese pasado nos acompañe y afecte nuestras vidas.

-Las malas influencias; en muchas ocasiones influyen sobre nosotros una serie situaciones que alimentan un lado negativo en nuestras vidas, dichas situaciones inciden en nuestra mente y en nuestro actuar, las malas influencias pueden venir por el hecho de aceptar en nuestras vidas a personas negativas. Cuando esto sucede lo más recomendable en ese caso es hacer una selección correcta de quienes son las personas que queremos a nuestro alrededor y desechar a todas aquellas que quieran infectarnos de influencias negativas, si es el caso debemos ser drásticos, pero pensando primeramente en nuestro bienestar.

-Las decisiones fallidas; el cometer errores es muy común para cualquier persona y todos estamos expuestos a que en algún momento determinado fallemos por culpa de una mala decisión. Cuando lo anterior sucede debemos aceptar dichos errores,

afrontarlos y buscar la forma de corregirlos, lo ideal es analizar que está bien y que no lo está.

Muchas personas pueden quedarse sumergidas dentro de eso que los daña, algunas incluso caen dentro de un círculo vicioso que a la larga los aleja de sus familiares y amigos, les causa problemas en su ámbito laboral y hace que todo se desmorone. En nuestro andar encontraremos de todo un poco, encontraremos seguramente esa falsa felicidad o esas falsas situaciones beneficiosas, en ambos casos lo principal primeramente es tener esa fuerza de voluntad para asumir lo que no está bien y afrontarlo, en diversas oportunidades pasa que identificamos eso que no está bien, pero sentimos ese miedo de actuar y arrancarlo de raíz. Un gran consejo es también encomendarse siempre a Dios, pedirle claridad, sabiduría, fuerza y el control absoluto de las cosas, él y solo él es quien puede hacer que desaparezcan esas cadenas que nos atan.

EL TIEMPO ES PERFECTO

Existe una frase que muchos conocemos que reza así: "el tiempo de Dios es perfecto" y sí, eso es totalmente cierto, cada cosa llega justo y preciso en el tiempo indicado. Bíblicamente esta expresado: "todo tiene su tiempo y todo lo que se quiere del cielo tiene su hora" Eclesiastés 3:1. En muchas ocasiones nos apresuramos en querer forzar las cosas, cometemos errores y obtenemos como resultados el fruto de decisiones nada acertadas, a diario se escriben historias que se desenvuelven con grandes propósitos (algunas con finales no felices), estas líneas son precisamente para reflexionar, para entender que todo el tiempo es necesario, el tiempo de espera, el tiempo de tristeza, el tiempo de felicidad, todos absolutamente todos tienen un aprendizaje que dejarnos. El ser humano en ocasiones tiende a ser apresurado, a forjar las cosas y hacer encajar piezas donde simplemente no encajan.

Cada día llega con su afán único, con sus dificultades y sus bendiciones, con sus días grises y soleados, nunca se debe apresurar cualquier acontecimiento que en algún momento va a suceder, todo tiene su determinado tiempo y todo va a pasar justo en el momento preciso que tiene que pasar. Cada vez que se inicie un nuevo día debes tomarte el café con calma, apreciar su aroma, su sabor, deleita tu pensamiento mientras meditas sobre todo eso que tienes pensado hacer, sí, eso que tienes pensado hacer en cada día, sin afanes, sin mucha prisa. Cada paso cuenta y cada paso es importante siempre, eso no se debe olvidar, es primordial y esencial subir cada día el escalón que corresponda, no te atrases, pero tampoco te adelantes, ve siempre en el tiempo y en el momento indicado.

Habitualmente y ya es más que una costumbre encontrarnos en el estrés constante de querer vivir cada día como si fuera el ultimo, como si el mundo se fuera acabar y aunque si eso sucediera no es algo que se pueda controlar porque simplemente pasa y ya, sencillamente. La percepción que desde estas líneas quiero entregarte con respecto al tiempo y a que "el tiempo es perfecto" es precisamente a que sea utilizado de buena manera, es decir, saberlo invertir, y no es precisamente a producir dinero, no, es simplemente a que sea utilizado en algo que te haga sentir bien, que te llene. Aquellas personas que puedan sentirse solas en este momento no deben desesperarse, a veces la soledad puede ser la mejor compañía para un aprendizaje grato, que les enseñe muchas cosas que luego al ser practicadas serán muy útiles. El tiempo es perfecto, todo llega en su debido momento, vive cada día con la intensidad o la calma que lo amerite, pero sobre todas las cosas confiando que si estas con Dios, el tiempo será simplemente perfecto.

BRILLA CON LUZ PROPIA

El éxito que una persona tenga jamás afectara el éxito de los demás, cada uno tiene derecho a brillar con su luz propia, son los esfuerzos propios los que hacen que el éxito llegue hasta ti. Estas líneas pretenden ser un llamado a la reflexión, sí, llamar a la reflexión de las personas. Nuestra sociedad en general nos ha mentalizado en ver a los demás como a rivales, como si todo a nuestro alrededor fuera un campo de competencia y realmente no es así. Si bien es cierto cada día debemos forjarnos y esmerarnos para ser mejores en eso que deseamos, también debemos tener muy en cuenta que todos caminamos bajo el mismo cielo, respiramos el mismo aire y somos hijos del mismo Dios.

Muchos pierden la humildad cuando el éxito o la prosperidad económica les llega, y ciertamente ese es el mayor error de un ser humano, perder su humildad. Cuando brillas con tu luz propia y obtienes todo eso que durante tanto tiempo has anhelado puedes sentirte lleno, satisfecho y en el peor de los casos superior a los demás y ese es otro gran error. La vida nos enseña lecciones a diario y en muchas oportunidades nos regala un aprendizaje tan enorme que nos hace cambiar nuestro modo de pensar. La sociedad donde nos desarrollamos también puede ser influyente sobre nosotros, tanto positiva como negativamente, los valores heredados en la casa y el modelo de educación logran hacer un engranaje e inciden sobre nosotros, pero es precisamente allí donde no debemos olvidar de dónde venimos.

Podemos ser lideres y ayudar a que los miembros de nuestro equipo sean lideres también, podemos ser mentores y ayudar a que aquellos que apenas están iniciando tengan su propia luz que los ayude a brillar, como mencionamos anteriormente nos hemos desarrollado en una sociedad competitiva, donde se han perdido ciertos valores (para no decir que todos), ciertos valores como la hermandad, como la amistad, como el apoyo al prójimo y brindar una mano a quien así lo necesite. Hoy en día no es fácil confiar, no es fácil creer en los demás cuando cada uno está buscando su propio beneficio, su beneficio individual y por ende sentirse bien sin importa que los demás no lo estén, sin importar que los demás puedan verse afectado con sus acciones. Cuando vemos en la calle que aún existen personas que sin esperar recibir nada a cambio hacen buenas acciones, cuando eso sucede entendemos que a pesar de cómo el mundo se encuentra, aún existen buenas personas, aún existe amor, aún existe la amistad, aún existe la fe y la esperanza de que todo puede llegar a ser mejor. Recuerda esto: si hoy tienes la oportunidad de hacer algo por alguien sin esperar recibir nada a cambio, hazlo, la recompensa siempre será mayor que la acción que realizamos.

AL FONDO DEL PRECIPICIO

¿Como te sientes? Sí, ¿Te sientes bien contigo mismo? En ocasiones podemos llegar a sentir que ya nada tiene sentido, que estamos al fondo del precipicio y que de allí no vamos a salir, sentimos que la fe, que esa fe se ha perdido y estamos lejos, muy lejos de encontrarla. Para esos días tristes la solución es respirar profundo, analizar el porqué de esa tristeza, pensar en una posible solución y pedirle sobre todo a Dios esa guía fundamental para salir de esa situación. No todos los días han de ser perfectos pues cada día llega con su propia historia, con sus propios inconvenientes y por supuesto con sus propias bendiciones. Hoy puedes sentirte al fondo de un precipicio, pero mañana te vas a sentir tranquilo, en paz, en total armonía y eso es precisamente el sentido de la vida, avanzar y apartar de nuestro lado todo aquello que puede llegar a perjudicarnos.

El ser humano por naturaleza puede sentirse triste, ya que la tristeza es un estado de ánimo que siempre ha de acompañarlo, es importante poder hacer un control sobre dicha tristeza y lograr una balanza que alcance un equilibrio ideal entre la tristeza y la alegría. Cuando nos sentimos tristes por cualquier circunstancia normalmente lloramos y drenamos así ese frustrante estado de ánimo, llorar es tan necesario como reír cuando nos sentimos tristes pues es una acción que nos ayuda mucho en esas difíciles situaciones. En la actualidad ante tantos conflictos sociales de los que a diario somos participe por alguna u otra circunstancia debemos mantener principalmente la fe y la calma, entendiendo que todo pasa por un fin y un propósito y que cada evento o situación siempre será diferente, por tanto, siempre debemos estar preparados.

Si bien es cierto hoy no tenemos la certeza de que puede suceder el día de mañana, pero si sabemos que eso triste que nos está pasando no será eterno, no será para siempre. En nuestro andar vamos a encontrar una gran variedad de momentos llenos de altas y bajas que sin duda alguna nos harán estremecer, por alegrías y por tristezas, pero dentro de cada uno de nosotros debe existir esa fuerza interior constante que nos permita seguir en nuestro camino y no desfallecer ante el dolor, ante ese dolor tan fuerte que nos arropa y no nos quiere soltar. El gran consejo es: respirar profundo, analizar todo eso que en el momento nos pasa, auto controlarnos, auto motivarnos e inyectarnos de esa fuerza para seguir adelante, caer al fondo de un precipicio muchas veces es inevitable pero no es imposible salir de él, todo depende principalmente de nosotros mismos. Ante lo difícil, anímate que eso que es no tan no dura para siempre.

EL VIAJE AL PASADO

Es inevitable casi siempre obviar nuestro pasado, la mayoría de las veces ese pasado nos deja grandes lecciones que debemos usar en nuestro presente y más allá, es decir, en nuestro futuro, viajar al pasado es necesario cada vez que dentro de nuestro ser tengamos esa inquietud de saber muchas cosas que en nuestro presente no estamos entendiendo por alguna u otra razón, motivo o circunstancia. Es importante aclarar; no es lo mismo hacer un viaje al pasado que vivir en el pasado, si bien es cierto muchas personas se quedan inmersas en ese pasado que no les está generando nada productivo y en vez de sobreponerse y llevar una vida feliz y plena simplemente se quedan allí, tristes y sin progresar. Hacer ese viaje al pasado se nos hace a veces tan necesario que es básicamente como un requisito requerido para avanzar, para seguir esa trayectoria diaria y ser cada día mejores.

Ahora bien; ¿Cómo saber si debemos hacer o no ese viaje al pasado?, responder esta interrogante no es tan complicado, pues la respuesta se encuentra inmersa en nuestra forma de vida actual, por tanto, lo primero en hacer es un autoanálisis personal para determinar así aquello que en nosotros no está bien, para ello se puede hacer una prueba, sí, una pequeña prueba personal y la forma de hacerlo es la siguiente:

-Analizar si nos sentimos bien en nuestro hogar, con nuestra pareja, con los hijos, padres o con quien vivamos. Sentirnos bien significa estar en armonía, en tranquilidad, con altas y bajas, pero en términos generales estar bien. Si la mayoría de estos elementos no están entonces algo está fallando o incidiendo negativamente.

-Estudiar nuestro entorno laboral. Nuestro trabajo o ambiente laboral debe ser sano y gratificante, si bien es cierto a nivel laboral es muy común entrar en ese mundo del estrés también es cierto que para nuestro crecimiento profesional y laboral nada debe dañar nuestra salud mental, si ese trabajo lo está haciendo es importante corregir lo que haya que corregir o si por el contrario eso no es posible entonces la opción es cambiar de trabajo.

-Amigos y vida social. Como todo ser humano debe ser sociable y mantenerse en constante contacto con otras personas es de suma importancia que en ese compartir con los demás a nivel individual nuestro ser se sienta bien sin nada que genere perturbación o incomodidad.

Si luego de hacer este análisis encontramos que dos de las tres interrogantes nos indican que no todo está bien, entonces es allí donde se realiza ese viaje al pasado, para ello es recomendable visitar lugares y hablar con personas que de alguna u otra manera jueguen un papel importante o no tan importante, pero si significativo dentro de nuestra historia, conversar con otros siempre es un buen referente para recordar y corregir eso que en algún momento no se hizo bien. A eso se le puede sumar que tomar un tiempo a solas también es muy beneficioso en este viaje al pasado, hacerlo tomando una buena taza de té y meditando también es una buena opción. Y recuerda que cada vez que sea necesario haz ese pequeño viaje al pasado.

SIEMPRE VENDRÁN TIEMPOS MEJORES

En muchas etapas de nuestra vida encontraremos altas y bajas, encontraremos situaciones y tiempos difíciles, los cuales en muchas ocasiones parecen ser eternos o para siempre. Si nos tomamos un poco de nuestro tiempo y miramos la historia de muchos de los que hoy en día han logrado un gran éxito nos daremos cuenta que antes de tener ese tan dichoso éxito estas personas se encontraban atravesando fuertes situaciones, situaciones complicadas en lo referente a lo económico, a lo emocional y entre otras cosas, lo que hace la diferencia entre ellos y entre muchos de nosotros es la perseverancia que acompañada por la fe y el gran empeño los hicieron superar esos tiempos difíciles hasta llegar a encontrar tiempos mejores. En la actualidad, en pleno siglo XXI a nivel mundial se están atravesando por momentos críticos en todos los ámbitos, pareciera que la sociedad se autodestruyera y a nadie le importa, en estos tiempos es donde debemos mantener la convicción que siempre vendrán tiempos mejores.

No es por casualidad que pasan las cosas y todo tiene un antes y un después, todo sucede tal cual, si se mira una foto de hace unos años y se ve ese cambio, en muchos el cambio es notorio mientras que en otros no se nota tanto, normalmente avanzamos y evolucionamos, es decir; nos ubicamos en buenos tiempos (hablando metafóricamente), y esto sucede en gran parte de los casos porque: Nos volvemos profesionales en alguna carrera universitaria o en algún área. Nos establecemos económicamente, de decir emprendemos y nuestro negocio crece y da frutos. Nos estabilizamos sentimentalmente y conformamos una familia o estamos en ese proceso de concretarlo. Si todo eso sucede en tu vida o parte de eso está sucediendo, felicidades, pues en tu vida están llegando tiempos mejores.

El objetivo fundamental de estas líneas es ese apoyo motivacional que en ocasiones a muchos nos falta. No todos tenemos esa fuerza interior de automotivarnos e incentivarnos a seguir adelante pase a que algo no esté en el mejor momento, creemos firmemente que mediante la fe en Dios primeramente y luego en nosotros mismos todo es posible, el límite es solo el cielo si así lo creemos y si así lo decretamos. Puede que ayer no haya sido el mejor día, pero recuerda que hoy si puede serlo, de los tiempos no tan buenos nacen las personas fuertes y aguerridas, tú decides si te haces fuerte y enfrentas el mundo y luchas porque lleguen esos tiempos mejores o te quedas allí, esperando.

TU ESFUERZO VALE

¿Sabes cuánto vale tu esfuerzo?, ¿Alguna vez te has preguntado si estas siendo valorado? A cuantos de nosotros nos ha pasado que sentimos que por más esfuerzo que realizamos y a pesar de dar lo mejor de nuestro potencial no nos valoran, sí, no recibimos lo que realmente merecemos, cuando eso sucede simplemente estamos en el lugar equivocado. Cuando iniciamos una vida laboral dentro de alguna organización buscando adquirir experiencia y conocimientos vamos a encontrar en nuestro camino diferentes cosas, algunas muy buenas y otras no tanto, lo realmente importante en ambos casos es absorber todo eso que genere en nosotros un crecimiento y que nutra nuestro potencial, ningún principio es fácil pero tampoco se puede tirar la toalla a la primera, al contrario, eso debe dejar en nosotros una fortaleza para afrontar todo lo que se nos vaya presentando.

Todo esfuerzo vale. El más experimentado en algún momento fue un novato con errores y eso es precisamente lo que hace que todo valga la pena: los resultados y en que nos convertimos. A veces para adquirir esa tan anhelada experiencia y conocimientos previos debemos soportar y eso no es malo ya que gracias a eso podemos afrontar próximos retos, fuertes y de grandes decisiones. Ahora bien, como todo tiene un límite es importante saber hasta donde se puede llegar y con ello nos estamos refiriendo a nuestra actuación dentro de dicha organización, hay situaciones no tolerables e inaceptables y esas radican en el trato inadecuado hacia nosotros, es de suma importancia auto respetarnos y hacer que en el clima laboral que nos encontremos permanezca ese respeto para con nosotros, eso es esencial.

Cuando adquieres experiencia aprendes a valorarte, y es allí precisamente donde se empieza de nuevo, pero esta vez no es desde cero ya que dentro de ti hay conocimientos y son esos conocimientos los que van a permitir poder decidir en qué lugar quieres estar, ya no eres un novato ahora eres esa persona fuerte y llena de experiencia que puede afrontar todo lo que la vida le presente en su camino. Tu esfuerzo vale y vale mucho, al principio puede que nadie lo note porque apenas empiezas, pero luego está en ti hacerte notar y hacer ver que tu trabajo y tu desempeño merecen estar en un lugar diferente, donde resalten y sean ejemplo para los demás. Si hoy te encuentras en un lugar donde sientes que no te dan el trato que en realidad mereces porque eres talentoso y tienes mucho potencial, anímate y busca nuevos horizontes donde si vean en ti lo que realmente eres.

PALABRAS DEL AUTOR

Quiero agradecerte a ti que te diste la oportunidad de llegar hasta aquí, de hacerte parte de nuestras reflexiones y de tomar lo mejor de cada una de ellas. Sabemos que siempre nos hará falta dentro de nuestra vida encontrar esas palabras motivadoras, y aquí tendrán esas palabras motivadoras.

¡Gracias, mil gracias!

GERARDO JOSÉ LABARCA

SOBRE EL AUTOR

*Licenciado en Ciencia Política de La Universidad del Zulia

*Docente

*Investigador

*Tutor Académico

*Escritor y Articulista de GERARDO JOSÉ LABARCA

*Locutor y Productor Radial

*Líder y Fundador de GERARDO JOSÉ LABARCA

*Presidente y Fundador de la Fundación Sueño Lossadeño (FUNDASUL)

www.ingramcontent.com/pod-product-compliance
Lightning Source LLC
Chambersburg PA
CBHW050006230526
45465CB00003BB/1285